JN201616

生・き・た・素・材・で・学・ぶ

新 中級から上級への日本語

Authentic Japanese: Progressing from Intermediate to Advanced [New Edition]

鎌田 修 Osamu Kamada
ボイクマン総子 Fusako Beuckmann
冨山佳子 Yoshiko Tomiyama
山本真知子 Machiko Yamamoto
[著]

[別冊]

単語リスト

重要表現解説

単語リスト

ユニット 1 自己紹介と本当の自分

自己紹介 （じこしょうかい）

読む前に (p. 10-11)

1 初めて （はじめて）
~に対して （たいして）
行動する （こうどう）
選ぶ （えらぶ）
ウインク(を)する
握手(を)する （あくしゅ）
軽い （かるい）
頬 （ほほ）
お辞儀する （おじぎ）
抱き合う （だきあう）
両手 （りょうて）
合わせる （あわせる）
拝む （おがむ）

2 抵抗する （ていこう）
感じる （かんじる）
必ず （かならず）
伝える （つたえる）
相手 （あいて）
尋ねる （たずねる）
年齢 （ねんれい）
結婚する （けっこん）
住所 （じゅうしょ）
職業 （しょくぎょう）
等 （とう・など）
個人的な （こじんてき）
情報 （じょうほう）
得る （える）
その他 （そのた・そのほか）
出身地 （しゅっしんち）
出身校 （しゅっしんこう）
年収 （ねんしゅう）

3 次 （つぎ）
言葉 （ことば）
性格 （せいかく）
表す （あらわす）
おとなしい
世話好きな （せわずき）
寂しがり屋 （さびしがりや）
おせっかいな
粘り強い （ねばりづよい）
さっぱりした
あきっぽい
内気な （うちき）
楽天的な （らくてんてき）
照れ屋 （てれや）
せっかちな
社交的な （しゃこうてき）
のんびりした
おおらかな
積極的な （せっきょくてき）
素直な （すなお）
人見知りする （ひとみしり）
怒りっぽい （おこりっぽい）
悲観的な （ひかんてき）
けちな
頑固な （がんこ）
恥ずかしがり屋 （はずかしがりや）

5 文章 （ぶんしょう）
触れる （ふれる）
問い掛ける （といかける）
席 （せき）
初対面 （しょたいめん）
給料 （きゅうりょう）
戸惑う （とまどう）

よほど
親しい （したしい）
失礼な （しつれい）
出会う （であう）
自身 （じしん）
傷つく （きずつく）
傷つける （きずつける）
多文化 （たぶんか）
共生 （きょうせい）
場面 （ばめん）
驚く （おどろく）
経験する （けいけん）
あるいは

読んでみよう (p. 12-14)

4 姿 （すがた）
友人 （ゆうじん）
付き合う （つきあう）
6 はっとする
7 部分 （ぶぶん）
9 しゃべる
11 趣味 （しゅみ）
12 オープンにする
13 態度 （たいど）
パーソナリティー
自分自身 （じぶんじしん）
14 他人 （たにん）
打ち明ける （うちあける）
自己開示 （じこかいじ）
15 米国人 （べいこくじん）
留学生 （りゅうがくせい）
ディスカッションする
恋人 （こいびと）
16 問い掛け （といかけ）
即座に （そくざに）
挙げる （あげる）
17 恥ずかしい （はずかしい）
向く （むく）
～ばかりで
18 曖昧な （あいまい）
笑う （わらう）
20 たまる
＊ストレスがたまる
場 （ば）
21 異なる （ことなる）
22 窓 （まど）
24 ～によって
提案する （ていあん）
25 組み合わせる （くみあわせる）
26 図 （ず）
～に似る （にる）
27 縦軸 （たてじく）
28 横軸 （よこじく）
区切る （くぎる）
33 もしも
34 場合 （ばあい）
例えば （たとえば）
～に比べる （くらべる）
37 違い （ちがい）
お互い （おたがい）
ギャップ
生み出す （うみだす）
38 なおさら
印象 （いんしょう）
与える （あたえる）
39 発想する （はっそう）
分かち合う （わかちあう）
40 公的な （こうてき）
私的な （してき）
42 もどかしい
こうした
43 人間 （にんげん）
状況 （じょうきょう）
変化する （へんか）
45 それぞれ
46 心に留める （こころにとめる）
必要な （ひつよう）
48 表現構造 （ひょうげんこうぞう）
比較する （ひかく）

■内容を確認しよう (p. 14)

内容 （ないよう）
確認する （かくにん）
(2) 適当な （てきとう）
(4) 番号 （ばんごう）
隠す （かくす）
公 （おおやけ）
(5) 囲む （かこむ）
(6) 説明する （せつめい）

■意見を述べよう (p. 14)

例 （れい）
理由 （りゆう）

読んだあとで (p. 15-18)

1. (p. 15-16)

点 （てん）
工夫する （くふう）
面白い （おもしろい）
(1) 覚える （おぼえる）
夢 （ゆめ）
大変な （たいへん）
気に入る （きにいる）
将来 （しょうらい）
(2) 王様 （おうさま）
皇族 （こうぞく）
つぼみ
発車する （はっしゃ）
からかう
皆さん （みなさん）
結果 （けっか）
(3) 事情 （じじょう）
連れてくる （つれてくる）
ニックネーム
馬鹿な （ばか）
最初 （さいしょ）
〜っぽい
適切な （てきせつ）
(4) 佐藤洋 （さとうひろし） 〔人名〕
ごく
普通 （ふつう）
太平洋 （たいへいよう）
全国 （ぜんこく）
争う （あらそう）
苗字 （みょうじ）
恩師 （おんし）
なんと
満員 （まんいん）
仲間 （なかま）
利点 （りてん）
生かす （いかす）
日々 （ひび）
励む （はげむ）
素敵な （すてき）

2. (p. 16)

印象づける （いんしょうづける）
表現する （ひょうげん）
参考 （さんこう）

3. (p. 17)

表 （ひょう）
〜別 （〜べつ）
関係する （かんけい）
思いつく （おもいつく）
調査する （ちょうさ）

4. (p. 18)

記事 （きじ）
（見出し）
〜ぶり
莉子 （りこ） 〔人名〕
〜位 （〜い）
大翔 （ひろと・はると） 〔人名〕
（1段め）
5 保険 （ほけん）
6 ランキング
発表する （はっぴょう）
7 放送する （ほうそう）
8 ヒロイン
10 以来 （いらい）

（2段め）

2 〜離れ （〜ばなれ）
傾向 （けいこう）
歯止め （はどめ）
＊歯止めがかかる （はどめがかかる）
4 連続する （れんぞく）
6 首位 （しゅい）
円高 （えんだか）
就職氷河期 （しゅうしょくひょうがき）
7 閉塞感 （へいそくかん）
漂う （ただよう）
8 〜に向かう （むかう）
羽ばたく （はばたく）
9 桜 （さくら）
10 願い （ねがい）

（3段め）

1 〜杯 （〜はい）
2 大会 （たいかい）
〜強 （〜きょう）
3 代表 （だいひょう）
活躍する （かつやく）
残る （のこる）
4 〜にちなむ
5 上昇する （じょうしょう）
颯太 （そうた）〔人名〕
颯真 （そうま）〔人名〕
6 蒼空 （そら）〔人名〕
食い込む （くいこむ）
8 末 （まつ）
同社 （どうしゃ）
9 契約する （けいやく）
被保険者 （ひほけんしゃ）
対象 （たいしょう）
実施する （じっし）
11 集計する （しゅうけい）

（表の注）

かっこ
昨年 （さくねん）
順位 （じゅんい）
右欄 （みぎらん）
主な （おも）

5. (p. 18)

名字 （みょうじ）

ユニット 2 若者の自己評価

若者 （わかもの）
自己評価 （じこひょうか）

読む前に (p. 28)

1 自信 （じしん）
体力 （たいりょく）
責任感 （せきにんかん）
決断力 （けつだんりょく）
寛容性 （かんようせい）
礼儀 （れいぎ）
集中力 （しゅうちゅうりょく）
信念 （しんねん）
価値観 （かちかん）
特技 （とくぎ）
趣味 （しゅみ）
ジョーク
センス
話題 （わだい）
知識 （ちしき）
教養 （きょうよう）
豊富さ （ほうふさ）
他人 （たにん）
心配り （こころくばり）
感受性 （かんじゅせい）
友人 （ゆうじん）
家柄 （いえがら）
財産 （ざいさん）

職業　（しょくぎょう）
容姿　（ようし）
もてる
性格　（せいかく）
3 面接する　（めんせつ）
4 初対面　（しょたいめん）

読んでみよう (p. 29-32)

日米　（にちべい）
1 最近　（さいきん）
質問紙　（しつもんし）
2 調査する　（ちょうさ）
〜によって
比較する　（ひかく）
面白い　（おもしろい）
発見する　（はっけん）
あまりに
〜に関する　（かんする）
3 興味　（きょうみ）
覚える　（おぼえる）
＊興味を覚える　（きょうみをおぼえる）
4 差　（さ）
＊差が出る　（さがでる）
〜版　（〜ばん）
6 〜なりに
7 該当する　（がいとう）
番号　（ばんごう）
囲む　（かこむ）
12 異性　（いせい）
13 表　（ひょう）
割合　（わりあい）
項目　（こうもく）
〜ごとに
14 分布　（ぶんぷ）
16 〜割　（わり）
〜に達する　（たっする）
17 逆に　（ぎゃくに）
全て　（すべて）
上回る　（うわまわる）
19 平均　（へいきん）
20 並ぶ　（ならぶ）
項目群　（こうもくぐん）
全体　（ぜんたい）
21 めったにない
23 解釈する　（かいしゃく）
可能な　（かのう）
まったく
24 ものすごい
自然な　（しぜん）
25 ふるまう
自信満々　（じしんまんまん）
態度　（たいど）
装う　（よそおう）
穿った　（うがった）
26 異なる　（ことなる）
前提　（ぜんてい）
導く　（みちびく）
最初　（さいしょ）
支える　（ささえる）
27 測る　（はかる）
仮定する　（かてい）
根拠　（こんきょ）
28 表現する　（ひょうげん）
いったい
29 略　（りゃく）
30 あくまで
仮説　（かせつ）
〜にすぎない
存在証明　（そんざいしょうめい）
躍起になる　（やっきになる）
31 味方　（みかた）
＊味方につく　（みかたにつく）
おそらく
33 期待する　（きたい）
34 〜に従う　（したがう）
適切な　（てきせつ）
35 〜に即して　（そくして）
(表) 〜別　（〜べつ）
単位　（たんい）

■内容を確認しよう (p. 31)

(1) 筆者 (ひっしゃ)
目的 (もくてき)
結果 (けっか)
(4) 賛成する (さんせい)
(5) 亡くなる (なくなる)
確認する (かくにん)
認める (みとめる)
(6) 正直な (しょうじき)
表す (あらわす)

■意見を述べよう (p. 32)

例 (れい)
具体的な (ぐたいてき)
挙げる (あげる)
述べる (のべる)

読んだあとで (p. 33-34)

記事 (きじ)
米国 (べいこく)
韓国 (かんこく)
～カ国 (～かこく)
対象 (たいしょう)

1. (p. 33)

見出し (みだし)
内容 (ないよう)
予想する (よそう)
突出する (とっしゅつ)
中高生 (ちゅうこうせい)
疲れ (つかれ)
感じる (かんじる)

2. (p. 33)

意識調査 (いしきちょうさ)
それぞれ
人間 (にんげん)

3. (p. 33)

問い (とい)
(1) 誰 (だれ)
(2) 理由 (りゆう)
人並み (ひとなみ)
能力 (のうりょく)
政治 (せいじ)
～に参加する (さんか)
無駄な (むだ)
留学する (りゅうがく)
悪口 (わるぐち)
嫌がらせ (いやがらせ)
経験する (けいけん)

4. (p. 34)

意外な (いがい)

(前文)

1 他国 (たこく)
～に比べる (くらべる)
2 財団法人 (ざいだんほうじん)
青少年 (せいしょうねん)
研究所 (けんきゅうしょ・けんきゅうじょ)
3 日米中韓 (にちべいちゅうかん)
4 生徒 (せいと)
自治活動 (じちかつどう)
5 いずれにも
消極的な (しょうきょくてき)
6 阿久沢悦子 (あくざわえつこ) 〔人名〕

(1段め)

1 ～にかけて
2 各国 (かっこく)
3 約 (やく)
計 (けい)
4 実施する (じっし)
10 最多 (さいた)
最も (もっとも)
14 率 (りつ)
ずば抜けて (ずばぬけて)
17 次いで (ついで)
23 一方 (いっぽう)
26 著しい (いちじるしい)

(2段め)

3 回答する (かいとう)

7 最少 (さいしょう)
10 希望する (きぼう)
13 過半数 (かはんすう)
14 ~にのぼる
15 順 (じゅん)
17 対処法 (たいしょほう)
半数 (はんすう)
18 やり返す (やりかえす)
~に対し (たいし)
19 無視する (むし)
20 多数 (たすう)
占める (しめる)

ユニット 3 ジェンダーを考える

ジェンダー

読む前に (p. 44)

1 子供 (こども)
振り返る (ふりかえる)
それぞれ
事柄 (ことがら)
生物学的な (せいぶつがくてき)
違い (ちがい)
~による
2 夫 (おっと)
働く (はたらく)
妻 (つま)
家庭 (かてい)
守る (まもる)
賛成する (さんせい)
反対する (はんたい)
理由 (りゆう)
捉える (とらえる)
世代間 (せだいかん)
男女間 (だんじょかん)

読んでみよう (p. 45-47)

市民権 (しみんけん)
1 ~割 (わり)
2 口べた (くちべた)
父親 (ちちおや)
主人公 (しゅじんこう)
人間ドラマ (にんげんドラマ)
ほのぼのと
描く (えがく)
漫画 (まんが)
3 昨年末 (さくねんまつ)
週刊 (しゅうかん)
講談社 (こうだんしゃ) 〔会社名〕
連載する (れんさい)
迎える (むかえる)
4 得意な (とくい)
珍しい (めずらしい)
~を経る (へる)
当たり前 (あたりまえ)
5 読者 (どくしゃ)
支持する (しじ)
~限り (~かぎり)
描く (かく)
作者 (さくしゃ)
意欲 (いよく)
衰える (おとろえる)
6 荒岩一味 (あらいわかずみ) 〔人名〕
福岡市 (ふくおかし) 〔地名〕
~内 (~ない)
商社 (しょうしゃ)
大柄 (おおがら)
いかつい
7 顔 (かお)
~うえ
シャイな
無口な (むくち)

優しい （やさしい）
性格 （せいかく）
失恋する （しつれん）
後輩 （こうはい）
8 もつ鍋 （もつなべ）
受験勉強 （じゅけんべんきょう）
長男 （ちょうなん）
ニンジンライス
～風に （～ふうに）
言葉 （ことば）
～(の)代わりに （かわりに）
励ます （はげます）
9 慰める （なぐさめる）
10 うえやまとち 〔人名〕
福岡県福津市 （ふくおかけんふくつし） 〔地名〕
在住する （ざいじゅう）
理想 （りそう）
男性像 （だんせいぞう）
11 自身 （じしん）
転勤する （てんきん）
暮らす （くらす）
覚える （おぼえる）
12 紹介する （しょうかい）
レシピ
すべて
自ら （みずから）
腕 （うで）
*腕をふるう （うでをふるう）
13 だが
開始時 （かいしじ）
こうした
一般的な （いっぱんてき）
総理府 （そうりふ）
14 現内閣府 （げんないかくふ）
世論調査 （よろんちょうさ）
15 どちらかといえば
含める （ふくめる）
16 事前 （じぜん）
出版社 （しゅっぱんしゃ）
打ち合わせ （うちあわせ）
単身赴任 （たんしんふにん）
設定する （せってい）
17 結局 （けっきょく）
隠す （かくす）
スタートする
19 家事 （かじ）
出産後 （しゅっさんご）
一家 （いっか）
共感する （きょうかん）
20 友人 （ゆうじん）
自宅 （じたく）
奥さん （おくさん）
21 サッと
22 掲載する （けいさい）
第～話 （だい～わ）
同級生 （どうきゅうせい）
23 尋ねる （たずねる）
場面 （ばめん）
笑顔 （えがお）
26 物語 （ものがたり）
悩み （なやみ）
織り込む （おりこむ）
育休後 （いくきゅうご）
職場 （しょくば）
復帰する （ふっき）
27 育児 （いくじ）
両立する （りょうりつ）
ジレンマ
28 テレビアニメ
出身 （しゅっしん）
吉村和真 （よしむらかずま） 〔人名〕
京都精華大 （きょうとせいかだい） 〔大学名〕
学部 （がくぶ）
准教授 （じゅんきょうじゅ）
29 逆転する （ぎゃくてん）
結婚する （けっこん）
自立する （じりつ）
人生 （じんせい）
重ね合わせる （かさねあわせる）
30 点 （てん）
受け入れる （うけいれる）
長寿 （ちょうじゅ）

分析する（ぶんせき）
31 公（おおやけ）
変化する（へんか）
実感する（じっかん）
33 発売する（はつばい）
号（ごう）
夫妻（ふさい）
34 かみしめる
ストーリー
35 先取りする（さきどり）
（グラフ）
時期（じき）
回答数（かいとうすう）

■内容を確認しよう (p. 47)

(1) 記事（きじ）
見出し（みだし）
(5) 具体的な（ぐたいてき）
(6) 述べる（のべる）

読んだあとで (p. 48-50)

1. (p. 48)

表（ひょう）
各国（かっこく）
女性（じょせい）
職業（しょくぎょう）
費やす（ついやす）
調査する（ちょうさ）
結果（けっか）
(表) 生活する（せいかつ）
国際（こくさい）
比較する（ひかく）
総～（そう～）
労働時間（ろうどうじかん）
合計する（ごうけい）
差（さ）
抜粋する（ばっすい）
(3) 特徴（とくちょう）
まとめる

2. (p. 49-50)

(A) 摂食行動（せっしょくこうどう）
実験する（じっけん）
誰か（だれか）
量（りょう）
対象（たいしょう）
検討する（けんとう）
～とも
異性（いせい）
減る（へる）
見いだす（みいだす）
魅力的な（みりょくてき）
下記（かき）
クラッカー
枚数（まいすう）
パートナー
高低（こうてい）
消費量（しょうひりょう）
心理学（しんりがく）
詳しい（くわしい）
(B) 数学（すうがく）
～に対して（たいして）
積極的な（せっきょくてき）
苦手な（にがて）
一連（いちれん）
検証する（けんしょう）
性差（せいさ）
教示する（きょうじ）
条件（じょうけん）
設ける（もうける）
～のとおり
後者（こうしゃ）
男子（だんし）
～に比べる（くらべる）
解く（とく）
女子（じょし）
成績（せいせき）
生む（うむ）
なお
～に参加する（さんか）
学力（がくりょく）

履修する （りしゅう）
科目 （かもく）
有無 （うむ）

ユニット 4 ことばと文化

読む前に (p. 60-61)

1 伝える （つたえる）
(2) 遅刻する （ちこく）
母親 （ははおや）
(3) 客 （きゃく）
仕上げる （しあげる）
(4) 別に （べつに）
(5) 同僚 （どうりょう）
(6) とんでもない
(7) 隣人 （りんじん）
迷惑 （めいわく）
なんて
2 返事 （へんじ）
(1) 君 （きみ）
彼 （かれ）
(2) 抜ける （ぬける）
3 相手 （あいて）
言葉 （ことば）
ジェスチャー
態度 （たいど）
間違う （まちがう）
受け取る （うけとる）
誤解する （ごかい）
逆に （ぎゃくに）
例 （れい）
参考 （さんこう）
経験する （けいけん）
1 留学する （りゅうがく）
ホストファミリー
2 誕生日 （たんじょうび）
3 遣う （つかう）
　＊気を遣う （きをつかう）
何度も （なんども）
お礼 （おれい）
4 伝わる （つたわる）
喜ぶ （よろこぶ）
5 感謝する （かんしゃ）
不十分な （ふじゅうぶん）
7 喜び （よろこび）
感情 （かんじょう）
表現する （ひょうげん）
8 抱きつく （だきつく）
体全体 （からだぜんたい）

読んでみよう (p. 62-63)

1 あるいは
持ち上がる （もちあがる）
2 選手 （せんしゅ）
訊く （きく）
3 場合 （ばあい）
効果的な （こうかてき）
優れる （すぐれる）
4 ただし
別な （べつ）
プレイヤー
5 日米 （にちべい）
違い （ちがい）
かけ離れる （かけはなれる）
6 前章 （ぜんしょう）
紹介する （しょうかい）
7 ぜったい
人間関係 （にんげんかんけい）
ひび
8 ～かねない
ソフトな
言い回し （いいまわし）

好む （このむ）
9 昔 （むかし）
頃 （ころ）
手法 （しゅほう）
10 重宝する （ちょうほう）
オーナー
誘う （さそう）
〜ものの
さすがに
11 なんといっても
雇主 （やといぬし）
12 〜に応じる （おうじる）
常套句 （じょうとうく）
13 催促する （さいそく）
うろたえる
14 意図 （いと）
15 きまり悪い （きまりわるい）
断る （ことわる）
略 （りゃく）
以外 （いがい）
16 〜にとって
紛れもない （まぎれもない）
否 （いな）
示す （しめす）
18 こうした
曖昧な （あいまい）
プライベートな
19 公 （おおやけ）
場 （ば）
耳にする （みみにする）
まずない
ところが
口にする （くちにする）
20 温床 （おんしょう）
かの
ニクソン 〔人名〕
佐藤 （さとう） 〔人名〕
会談する （かいだん）
一例 （いちれい）
繊維 （せんい）
21 市場 （しじょう）
自由化する （じゆうか）
〜をめぐり
善処する （ぜんしょ）
首相 （しゅしょう）
発言する （はつげん）
解する （かいする）
22 大統領 （だいとうりょう）
のちに
〜に失望する （しつぼう）
明確な （めいかく）
否定表現 （ひていひょうげん）
23 おそらく
24 期待する （きたい）
〜に反して （はんして）
25 要するに （ようするに）
なんでもかんでも
26 他言語 （たげんご）
用いる （もちいる）
27 理解する （りかい）
辞書 （じしょ）
訳語 （やくご）
単純な （たんじゅん）
28 自体 （じたい）
ナンセンス
30 喋る （しゃべる）
聴く （きく）

■内容を確認しよう (p. 63)

(2) 筆者 （ひっしゃ）
(5) 探す （さがす）

読んだあとで (p. 64-65)

文章 （ぶんしょう）
1 観光客 （かんこうきゃく）
ガイド
2 モンゴル
民族 （みんぞく）
4 生まれ育つ （うまれそだつ）
土地 （とち）
異なる （ことなる）

5 学ぶ （まなぶ）
身 （み）
＊身につける （みにつける）
母国 （ぼこく）
再認識する （さいにんしき）
6 ～に気づく （きづく）
独特な （どくとく）
生活する （せいかつ）
あり方 （ありかた）
7 母国語 （ぼこくご）
社会規範 （しゃかいきはん）
価値観 （かちかん）
反映する （はんえい）
普段 （ふだん）
何気なく （なにげなく）
8 母国語話者 （ぼこくごわしゃ）
比較する （ひかく）
～を通して （とおして）
9 特徴 （とくちょう）
10 事実 （じじつ）
11 サービス関係 （サービスかんけい）
営業する （えいぎょう）
～に対して （たいして）
知り合う （しりあう）
12 親しい （したしい）
～同士 （どうし）
お互い （おたがい）
13 都会 （とかい）
～に限る （かぎる）
集中する （しゅうちゅう）
14 関係する （かんけい）
15 親友 （しんゆう）
16 珍しい （めずらしい）
17 壁 （かべ）
感覚 （かんかく）
つまり
他人行儀 （たにんぎょうぎ）
感じる （かんじる）
18 遊牧民族 （ゆうぼくみんぞく）
寄り添う （よりそう）
助け合う （たすけあう）
きれい事 （きれいごと）
生き抜く （いきぬく）
19 必要不可欠な （ひつようふかけつ）
地理的な （ちりてき）
気候的な （きこうてき）
20 風景 （ふうけい）
影響する （えいきょう）
与える （あたえる）
＊～に影響を与える （えいきょうをあたえる）
現代 （げんだい）
日常的な （にちじょうてき）
行為 （こうい）
21 推測する （すいそく）
22 価値 （かち）
23 ちょっとした
24 習慣 （しゅうかん）
単語 （たんご）
25 詩 （し）
口承文芸 （こうしょうぶんげい）
26 祝詞 （しゅくし）
誉め言葉 （ほめことば）
韻文 （いんぶん）
27 四季おりおり （しきおりおり）
労働 （ろうどう）
風俗習慣 （ふうぞくしゅうかん）
託す （たくす）
幸福 （こうふく）
祈る （いのる）
28 例えば （たとえば）
訪ねる （たずねる）
供す （きょうす）
沸く （わく）
黒砂糖 （くろざとう）
29 豊かな （ゆたか）
奥さん （おくさん）
30 老人 （ろうじん）
31 深い （ふかい）
学問 （がくもん）
将来 （しょうらい）
願う （ねがう）
32 好意 （こうい）

33 縁起 （えんぎ）
　＊縁起のいい （えんぎのいい）
その場 （そのば）
　＊その場その場で （そのばそのばで）
34 今後 （こんご）
付き合い （つきあい）
維持する （いじ）
35 助ける （たすける）
ありがたい
心 （こころ）
　＊心にひめる （こころにひめる）

36 望む （のぞむ）
38 異文化 （いぶんか）
(1) 内容 （ないよう）
距離 （きょり）
当たり前 （あたりまえ）
(2) 故郷 （こきょう）
初めて （はじめて）
具体例 （ぐたいれい）
挙げる （あげる）

ユニット 5 心と体のバランス

読む前に (p. 76-78)

1 健康的な （けんこうてき）
生活する （せいかつ）
当てはまる （あてはまる）
他 （ほか）
心掛ける （こころがける）
食事する （しょくじ）
欠かす （かかす）
間食 （かんしょく）
ほぼ
栄養 （えいよう）
冷たい （つめたい）
睡眠 （すいみん）
程度 （ていど）
早寝早起き （はやねはやおき）
運動する （うんどう）
階段 （かいだん）
積極的な （せっきょくてき）
その他 （そのた・そのほか）
理想 （りそう）
体重 （たいじゅう）
維持する （いじ）
歯みがき （はみがき）
ストレス
解消する （かいしょう）
吸う （すう）
手洗い （てあらい）
健康 （けんこう）
～に関する （かんする）
注意する （ちゅうい）
完璧な （かんぺき）
管理する （かんり）
努力する （どりょく）
一息 （ひといき）
関心 （かんしん）
改善する （かいぜん）
かわいそう
体調 （たいちょう）
崩す （くずす）
見直す （みなおす）

2 魂 （たましい）
慣用句 （かんようく）
別の （べつの）
言い換える （いいかえる）
(1) 誕生日 （たんじょうび）
躍る （おどる）
　＊心を躍らせる （こころをおどらせる）
(2) 鬼 （おに）
　＊心を鬼にする （こころをおににする）

断る （ことわる）
(3) ～こそ
入れ替える （いれかえる）
＊心を入れ替える （こころをいれかえる）
励む （はげむ）
(4) 寄せる （よせる）
＊心を寄せる （こころをよせる）
同僚 （どうりょう）
(5) 辛い （つらい）
残る （のこる）
＊心に残る （こころにのこる）
温かい （あたたかい）
(6) 痛める （いためる）
＊心を痛める （こころをいためる）
(7) 目標 （もくひょう）
失う （うしなう）
抜ける （ぬける）
＊魂が抜ける （たましいがぬける）
(8) 画家 （がか）
宿る （やどる）
＊魂が宿る （たましいがやどる）

3 ことわざ
a. 病 （やまい）
＊病は気から （やまいはきから）
何事 （なにごと）
b. 百薬の長 （ひゃくやくのちょう）
c. 暴飲暴食 （ぼういんぼうしょく）
壊す （こわす）
腹八分目 （はらはちぶんめ）

読んでみよう (p. 79-81)

健康病 （けんこうびょう）
心身 （しんしん）
むしばむ
1 いずれにしろ
不愉快な （ふゆかい）
最近 （さいきん）
流行する （りゅうこう）
2 定義する （ていぎ）
被害 （ひがい）
潜行する （せんこう）
恐ろしい （おそろしい）
3 簡単な （かんたん）
ともかく
～第一 （～だいいち）
ひたすら
4 かかずらわる
無視する （むし）
生じる （しょうじる）
近所迷惑 （きんじょめいわく）
お構いなし （おかまいなし）
5 点 （てん）
状態 （じょうたい）
本人 （ほんにん）
無自覚な （むじかく）
場合 （ばあい）
6 極めて （きわめて）
7 コレステロール
仇 （かたき）
＊目の仇にする （めのかたきにする）
9 有益な （ゆうえき）
急に （きゅうに）
不安な （ふあん）
あちこち
栄養学 （えいようがく）
10 適度な （てきど）
量 （りょう）
人生 （じんせい）
11 ～につき当たる （つきあたる）
専門家 （せんもんか）
勝手な （かって）
当てにならない （あてにならない）
嘆く （なげく）
計算する （けいさん）
12 ～に基づく （もとづく）
～度に （～たびに）
13 せっかく
奪う （うばう）
そもそも
自身 （じしん）
味わう （あじわう）

14 放棄する (ほうき)
15 心配する (しんぱい)
蝕む (むしばむ)
16 言うなれば (いうなれば)
以外 (いがい)
17 機能する (きのう)
停止する (ていし)
18 伝染する (でんせん)
〜性 (〜せい)
そもそも
他人 (たにん)
19 生き甲斐 (いきがい)
〜ふしがある
煙草 (たばこ)
ほどほどに
20 いかにも
試みる (こころみる)
ほっておく
21 なかなか
22 〜にしがみつく
23 仲間 (なかま)
相手 (あいて)
増やす (ふやす)
略 (りゃく)
24 いったい
われわれ
25 価値 (かち)
評価する (ひょうか)
関係する (かんけい)
26 忠義 (ちゅうぎ)
孝行する (こうこう)
かつて
最高 (さいこう)
下落する (げらく)
27 昔 (むかし)
わめく
今更 (いまさら)
惹きつける (ひきつける)
28 愛情 (あいじょう)
競争する (きょうそう)
激しい (はげしい)
30 要素 (ようそ)
〜によって
人間 (にんげん)
31 援用する (えんよう)
現代人 (げんだいじん)
〜に失望する (しつぼう)
32 重要性 (じゅうようせい)
再び (ふたたび)
認識する (にんしき)
とび越える (とびこえる)
33 やたらに
最も (もっとも)
34 ごまかす
35 宗教的な (しゅうきょうてき)
情熱 (じょうねつ)
うなずく
36 〜に思い及ぶ (おもいおよぶ)
回復する (かいふく)
37 処方箋 (しょほうせん)

■内容を確認しよう (p. 80)

(4) 周り (まわり)
困る (こまる)
(6) 筆者 (ひっしゃ)
(8) 述べる (のべる)
原因 (げんいん)
(10) 現代 (げんだい)

読んだあとで (p. 82-84)

心理 (しんり)
文章 (ぶんしょう)
1 なんて
2 誰 (だれ)
3 不調 (ふちょう)
4 無意識 (むいしき)
5 生む (うむ)
作用する (さよう)
6 頭痛 (ずつう)
腹痛 (ふくつう)
7 一時的な (いちじてき)

仮病 （けびょう）
8 立派な （りっぱ）
心因性 （しんいんせい）
一種 （いっしゅ）
9 身近な （みぢか）
10 薬効 （やっこう）
効く （きく）
不思議 （ふしぎ）
11 要因 （よういん）
多少なりとも （たしょうなりとも）
症状 （しょうじょう）
影響する （えいきょう）
～を及ぼす （およぼす）
＊影響を及ぼす （えいきょうをおよぼす）
新薬 （しんやく）
臨床試験 （りんしょうしけん）
12 ～において
プラセボ・プラシーボ
効果 （こうか）
現象 （げんしょう）
13 明らか （あきらか）
14 偽薬 （ぎやく）
見た目 （みため）
薬理作用 （やくりさよう）
そっくり
15 物質 （ぶっしつ）
治療する （ちりょう）
17 とはいえ
ごく
単純な （たんじゅん）
19 実に （じつに）
興味深い （きょうみぶかい）
実際に （じっさいに）
実験する （じっけん）
被験者 （ひけんしゃ）
薬 （くすり）
20 投与する （とうよ）
決して （けっして）
割合 （わりあい）
21 さらには
副作用 （ふくさよう）
現れる （あらわれる）
ただの
乳糖 （にゅうとう）
生理食塩水 （せいりしょくえんすい）
22 痛み （いたみ）
消える （きえる）
血圧 （けつあつ）
23 種類 （しゅるい）
27 ～ぬきに
29 メカニズム
だが
30 ～に限る （かぎる）
暗示する （あんじ）
32 具体的な （ぐたいてき）
～に際して （さいして）
33 働く （はたらく）
34 とりわけ
医師 （いし）
35 権威 （けんい）
被暗示性 （ひあんじせい）
36 確率 （かくりつ）
37 期待する （きたい）
～にともなって
38 注射する （ちゅうしゃ）
芽生える （めばえる）
＊心に芽生える （こころにめばえる）
39 生み出す （うみだす）
効用 （こうよう）
素直な （すなお）
40 疑う （うたがう）
41 薄い （うすい）
42 いかに
43 左右する （さゆう）
まとめる （まとめる）
緊張する （きんちょう）
44 精神 （せいしん）
安定する （あんてい）
揺るがす （ゆるがす）
まさに
45 モト
46 つい

(1) もたらす
(2) すなわち
はたして

ユニット 6 働くということ

働く　(はたらく)

読む前に (p. 94-95)

1 資料　(しりょう)
基準　(きじゅん)
アンケート
際に　(さいに)
重視する　(じゅうし)
将来性　(しょうらいせい)
職場　(しょくば)
雰囲気　(ふんいき)
魅力的な　(みりょくてき)
貢献度　(こうけんど)
福利厚生　(ふくりこうせい)
充実する　(じゅうじつ)
企業　(きぎょう)
理念　(りねん)
共感する　(きょうかん)
給与　(きゅうよ)
待遇する　(たいぐう)
教育する　(きょういく)
研修する　(けんしゅう)
制度　(せいど)
希望する　(きぼう)
勤務地　(きんむち)
世の中　(よのなか)
影響力　(えいきょうりょく)
就職する　(しゅうしょく)
決定する　(けってい)
業界　(ぎょうかい)
順位　(じゅんい)
スキル
身　(み)
＊身に付く　(みにつく)
若手　(わかて)
活躍する　(かつやく)
日経　(にっけい)〔会社名〕
就職活動する　(しゅうしょくかつどう)

2 主要な　(しゅよう)
新卒　(しんそつ)
採用する　(さいよう)
~において
選択肢　(せんたくし)
回答する　(かいとう)
複数　(ふくすう)
熱意　(ねつい)
人柄　(ひとがら)
価値観　(かちかん)
語学力　(ごがくりょく)
思考力　(しこうりょく)
行動力　(こうどうりょく)
協調性　(きょうちょうせい)
その他　(そのほか・そのた)
~に当てはまる　(あてはまる)
成績　(せいせき)
責任感　(せきにんかん)
能力　(のうりょく)

3 図　(ず)
一般的な　(いっぱんてき)
自己分析する　(じこぶんせき)
エントリー
エントリーシート
提出する　(ていしゅつ)
面接する　(めんせつ)
内定する　(ないてい)

4 特性　(とくせい)
国籍　(こくせき)

～に関係なく （かんけいなく）
優秀な （ゆうしゅう）
人材 （じんざい）
確保する （かくほ）
事業 （じぎょう）
国際化する （こくさいか）
資する （しする）
職務 （しょくむ）
～上 （じょう）
使用する （しよう）
必要な （ひつよう）
～ならでは
技能 （ぎのう）
発想する （はっそう）
採り入れる （とりいれる）
高度な （こうど）
人件費 （じんけんひ）
コスト
抑える （おさえる）
～における
就労 （しゅうろう）
～に関する （かんする）

読んでみよう (p. 96-99)

驚き （おどろき）
喜び （よろこび）
育つ （そだつ）
1 最初 （さいしょ）
手に入れる （てにいれる）
プログラミング
2 明け暮れる （あけくれる）
頃 （ころ）
岩田 （いわた） 〔人名〕
ほぼ
日刊 （にっかん）
述懐する （じゅっかい）
4 たまたま
数学 （すうがく）
授業 （じゅぎょう）
席 （せき）
隣 （となり）
面白い （おもしろい）
やつ
6 糸井 （いとい） 〔人名〕
7 喜ぶ （よろこぶ）
～にとって
8 客 （きゃく）
ユーザー
8 第～号 （だい～ごう）
9 つまり
お笑い （わらい）
得意な （とくい）
笑う （わらう）
10 中略 （ちゅうりゃく）
11 褒める （ほめる）
12 登る （のぼる）
彼 （かれ）
出会う （であう）
13 人生 （じんせい）
影響する （えいきょう）
与える （あたえる）
*影響を与える （えいきょうをあたえる）
14 風景 （ふうけい）
原体験 （げんたいけん）
任天堂 （にんてんどう） 〔会社名〕
社長業 （しゃちょうぎょう）
連なる （つらなる）
モチベーション
15 儲かる （もうかる）
問う （とう）
16 受ける （うける）
要は （ようは）
17 数 （かず）
達成感 （たっせいかん）
意図 （いと）
18 あくまで
我々 （われわれ）
20 ヒットする
発売する （はつばい）
社内 （しゃない）
～に向けて （むけて）

連鎖する （れんさ）
21 親子 （おやこ）
22 歳 （とし）
明朗快活な （めいろうかいかつ）
笑顔 （えがお）
23 目指す （めざす）
やりがい
24 結果として （けっかとして）
商品 （しょうひん）
取引先 （とりひきさき）
業績 （ぎょうせき）
投資家 （とうしか）
25 究極 （きゅうきょく）
ミッション
回る （まわる）
持続可能な （じぞくかのう）
組織 （そしき）
26 責任 （せきにん）
果たす （はたす）
*責任を果たす （せきにんをはたす）
すべて
綺麗な （きれい）
かみ合う （かみあう）
28 創造する （そうぞう）
娯楽産業 （ごらくさんぎょう）
姿 （すがた）
29 達成する （たっせい）
30 要素 （ようそ）
31 その昔 （そのむかし）
太陽電池 （たいようでんち）
光線銃 （こうせんじゅう）
32 ゲーム&ウオッチ
ファミコン
機械 （きかい）
33 画面 （がめん）
驚く （おどろく）
半導体 （はんどうたい）
技術 （ぎじゅつ）
成熟する （せいじゅく）
34 ところが
高機能な （こうきのう）

携帯電話 （けいたいでんわ）
35 溢れかえる （あふれかえる）
操作する （そうさ）
飽き （あき）
衰退する （すいたい）
もたらす
37 苦悶する （くもん）
艱難辛苦 （かんなんしんく）
末 （すえ）
生む （うむ）
38 ふたたび
39 今日 （こんにち）
成功する （せいこう）
だが
言うは易く行うは難し
（いうはやすくおこなうはかたし）
苦しみ （くるしみ）
辛さ （つらさ）
40 耐える （たえる）
41 僕 （ぼく）
この上ない （このうえない）
最高 （さいこう）
42 ご褒美 （ごほうび）
頂戴する （ちょうだい）
例えば （たとえば）
宮本 （みやもと） 〔人名〕
43 世間 （せけん）
反応する （はんのう）
遮断する （しゃだん）
45 不安な （ふあん）
一蹴する （いっしゅう）
クリエイター
46 技量 （ぎりょう）
常に （つねに）
たたみかける
47 サプライズ
疲れる （つかれる）
49 種 （たね）
ネタ切れ （ネタぎれ）
52 ただ
経つ （たつ）

振り返る (ふりかえる)
53 繰り返す (くりかえす)
55 プレッシャー
56 しんどい
いかに
58 成果 (せいか)
60 方程式 (ほうていしき)
61 代表取締役 (だいひょうとりしまりやく)
62 制作者 (せいさくしゃ)

■内容を確認しよう (p. 98)

(4) 原因 (げんいん)

読んだあとで (p. 100-104)

1. (p. 100-101)

経験談 (けいけんだん)
1 グローバルビジネス
考察する (こうさつ)
2 理解する (りかい)
サイレント
スマイル
3 印象 (いんしょう)
厚生労働省 (こうせいろうどうしょう)
留学生 (りゅうがくせい)
4 定着する (ていちゃく)
条件 (じょうけん)
～位 (～い)
5 異文化 (いぶんか)
～度 (～ど)
ランキングする
6 第一歩 (だいいっぽ)
7 ビジネスマン
生の声 (なまのこえ)
参考 (さんこう)
本質 (ほんしつ)
探る (さぐる)
9 出身 (しゅっしん)
10 黒澤明 (くろさわあきら) 〔人名〕
監督 (かんとく)
乱 (らん) 〔映画の名前〕
三島由紀夫 (みしまゆきお) 〔人名〕
作品 (さくひん)
11 純粋さ (じゅんすいさ)
憧れる (あこがれる)
12 来日する (らいにち)
現在 (げんざい)
大手 (おおて)
外資系 (がいしけい)
証券 (しょうけん)
～に勤務する (きんむ)
13 映る (うつる)
14 結論 (けつろん)
たまる
＊ストレスがたまる
15 誰々 (だれだれ)
指示する (しじ)
上司 (じょうし)
16 相談する (そうだん)
決断する (けつだん)
たらいまわし (たらいまわし)
本社 (ほんしゃ)
連絡する (れんらく)
17 下す (くだす)
不得手な (ふえて)
18 ピラミッド
～型 (～がた)
仕方がない (しかたがない)
19 プロジェクト
進める (すすめる)
20 企画する (きかく)
費やす (ついやす)
行動する (こうどう)
移す (うつす)
過程 (かてい)
上手くいく (うまくいく)
21 やり直す (やりなおす)
まったく
逆 (ぎゃく)
22 段階 (だんかい)
もしかしたら
想定する (そうてい)

23 対応策 （たいおうさく）
残り （のこり）
24 決定的な （けっていてき）
両国間 （りょうこくかん）
顧客 （こきゃく）
25 特徴 （とくちょう）
飛び交う （とびかう）
28 狙う （ねらう）
アドバイス
29 国際的な （こくさいてき）
尺度 （しゃくど）
なぜならば
30 独自 （どくじ）
習慣 （しゅうかん）
深い （ふかい）
根付く （ねづく）
32 商談 （しょうだん）
電子機器 （でんしきき）
顔 （かお）
差し向かい （さしむかい）
33 認識する （にんしき）
重要な （じゅうよう）
(1) 背後 （はいご）

2. (p. 102-104)

意識調査 （いしきちょうさ）
問い （とい）
概要 （がいよう）
卒業する （そつぎょう）
見込み （みこみ）
全国 （ぜんこく）
大学院 （だいがくいん）
入力する （にゅうりょく）
回収する （かいしゅう）
有効回答 （ゆうこうかいとう）
文系 （ぶんけい）
理系 （りけい）
合計する （ごうけい）
男子 （だんし）
女子 （じょし）
北海道 （ほっかいどう）
東北 （とうほく）
関東 （かんとう）
甲信越 （こうしんえつ）
東海 （とうかい）
北陸 （ほくりく）
関西 （かんさい）
九州 （きゅうしゅう）
① 志望する （しぼう）
職種 （しょくしゅ）
総務 （そうむ）
経理 （けいり）
人事 （じんじ）
管理する （かんり）
部門 （ぶもん）
営業する （えいぎょう）
開発する （かいはつ）
設計する （せっけい）
広報 （こうほう）
宣伝する （せんでん）
海外事業 （かいがいじぎょう）
製造技術 （せいぞうぎじゅつ）
生産管理 （せいさんかんり）
情報システム （じょうほうシステム）
② ～観 （～かん）
収入 （しゅうにゅう）
夢 （ゆめ）
個人 （こじん）
両立する （りょうりつ）
出世する （しゅっせ）
貢献する （こうけん）
③ 選択する （せんたく）
ノルマ
きつい
休暇 （きゅうか）
転勤する （てんきん）
差別する （さべつ）
財務内容 （ざいむないよう）
体質 （たいしつ）
給料 （きゅうりょう）
残業する （ざんぎょう）
歯車 （はぐるま）

(1) 実施する （じっし）
時期 （じき）
~にかけて
数値 （すうち）
~割 （~わり）
占める （しめる）
示す （しめす）
~に達する （たっする）
~に上る （のぼる）
~に及ぶ （およぶ）
~以上である （~いじょうである）
~に満たない （みたない）
~にすぎない
~にとどまる
~以下である （~いかである）
上回る （うわまわる）
最も （もっとも）
~倍 （~ばい）
下回る （したまわる）
変化する （へんか）
増える （ふえる）
増加する （ぞうか）
減る （へる）
減少する （げんしょう）
明らか （あきらか）

ユニット 7 日本語の多様性

多様性 （たようせい）

読む前に (p. 116-117)

1 外来語 （がいらいご）
由来 （ゆらい）
2 話し手 （はなして）
話題 （わだい）
状況 （じょうきょう）
~に応じる （おうじる）
適切な （てきせつ）
年齢 （ねんれい）
性別 （せいべつ）
地域 （ちいき）
推測する （すいそく）
見た目 （みため）
3 母語 （ぼご）
味わい （あじわい）
豊かさ （ゆたかさ）
参加者 （さんかしゃ）
お知らせ （おしらせ）
~に気づく （きづく）
a. スタートする
僕 （ぼく）
責任 （せきにん）
笑顔 （えがお）
b. ありがたい
4 批判する （ひはん）
大勢 （おおぜい）
周り （まわり）

読んでみよう (p. 118-120)

越境する （えっきょう）
広げる （ひろげる）
可能性 （かのうせい）
作家 （さっか）
1 芥川賞 （あくたがわしょう）
女性 （じょせい）
シリン・ネザマフィ 〔人名〕
候補 （こうほ）
注目する （ちゅうもく）
　*注目を集める （ちゅうもくをあつめる）
2 非~ （ひ~）
文化圏 （ぶんかけん）
出身 （しゅっしん）

初の（はつの）
受賞する（じゅしょう）
昨年（さくねん）
楊逸（ヤン・イー）〔人名〕
3 ノミネート
~にとらわれる
手段（しゅだん）
4 表す（あらわす）
5 興味（きょうみ）
来日する（らいにち）
6 本格的な（ほんかくてき）
学ぶ（まなぶ）
小説（しょうせつ）
7 言語（げんご）
8 揺れる（ゆれる）
9 敷居（しきい）
＊敷居が高い（しきいがたかい）
10 入り込む（はいりこむ）
すんなり
ハードル
12 候補作（こうほさく）
戦争（せんそう）
＊戦争下（せんそうか）
田舎町（いなかまち）
舞台（ぶたい）
若者（わかもの）
13 恋（こい）
描く（えがく）
選考委員（せんこういいん）
山田詠美（やまだえいみ）〔人名〕
ディテール
トレースする
14 認める（みとめる）
紹介する（しょうかい）
15 登場する（とうじょう）
翻訳（ほんやく）
必然性（ひつぜんせい）
16 疑問（ぎもん）
声（こえ）
作品（さくひん）
今春（こんしゅん）
文学界（ぶんがくかい）
新人賞（しんじんしょう）
18 異世界（いせかい）
物語（ものがたり）
印象（いんしょう）
教授（きょうじゅ）
沼野充義（ぬまのみつよし）〔人名〕
19 現実（げんじつ）
分析する（ぶんせき）
各地（かくち）
20 以外（いがい）
21 問い掛ける（といかける）
22 魅力（みりょく）
枠（わく）
自由な（じゆう）
23 留学生（りゅうがくせい）
栖原暁（すはらさとる）〔人名〕
24 務める（つとめる）
25 国家（こっか）
翻弄する（ほんろう）
個人（こじん）
運命（うんめい）
27 狭い（せまい）
28 歓迎する（かんげい）
29 壁（かべ）
国境（こっきょう）
越える（こえる）
増える（ふえる）
31 米国（べいこく）
リービ英雄（リービひでお）〔人名〕
閉鎖的な（へいさてき）
32 書き手（かきて）
国籍（こくせき）
33 意識的な（いしきてき）
重要な（じゅうよう）
指摘する（してき）
35 かかわる
冒険する（ぼうけん）
目指す（めざす）
36 間違いない（まちがいない）
敬称略（けいしょうりゃく）

「白い紙」(p. 119)

1 相変わらず （あいかわらず）
採点する （さいてん）
2 ～気を無くす （～きをなくす）
～すら
男子 （だんし）
生徒 （せいと）
配る （くばる）
3 君 （きみ）
努力する （どりょく）
将来 （しょうらい）
積み重ねる （つみかさねる）
4 実る （みのる）
単調な （たんちょう）
トーン
打って変わる （うってかわる）
5 興奮する （こうふん）
～気味な （～ぎみ）
輝かしい （かがやかしい）
演説する （えんぜつ）
6 得る （える）
＊～ざるを得ない （～ざるをえない）
7 大半 （たいはん）
進路 （しんろ）
8 とっくの昔 （とっくのむかし）
熱血 （ねっけつ）
教師 （きょうし）
無駄な （むだ）
唾 （つば）
10 白紙 （はくし）
真っ白 （まっしろ）
11 塗る （ぬる）
12 描く （かく）
振り返る （ふりかえる）
13 満足する （まんぞく）
歩む （あゆむ）
14 ボリューム
再び （ふたたび）
あくび
隠す （かくす）
歯並び （はならび）
16 列 （れつ）
届く （とどく）
記録する （きろく）
更新する （こうしん）
横 （よこ）
女子 （じょし）
くすくす
17 笑う （わらう）
確かな （たしか）
黒板 （こくばん）
19 悔い （くい）
染める （そめる）

■内容を確認しよう (p. 120)

(3) 簡単な （かんたん）
(7) 簡潔な （かんけつ）

■意見を述べよう (p. 120)

(2) 一節 （いっせつ）

読んだあとで (p. 121-122)

1. (p. 121-122)

橋本治 （はしもとおさむ）〔人名〕
大辞林 （だいじりん）
抜粋する （ばっすい）
1 常に （つねに）
検討する （けんとう）
必要な （ひつよう）
2 上流階級 （じょうりゅうかいきゅう）
既得権者 （きとくけんじゃ）
既に （すでに）
3 異質な （いしつ）
乱れ （みだれ）
嫌悪する （けんお）
残念ながら （ざんねんながら）
4 世の中 （よのなか）
探す （さがす）
5 拒絶する （きょぜつ）
6 自然な （しぜん）
流れ （ながれ）

7 完成する （かんせい）
発展途上 （はってんとじょう）
8 外来文字 （がいらいもじ）
記述する （きじゅつ）
10 揺らぐ （ゆらぐ）
11 ～と同時に （どうじに）
ただ
過大評価する （かだいひょうか）
13 一時的な （いちじてき）
乱れ咲き （みだれざき）
流通する （りゅうつう）
14 支持する （しじ）
15 だからこそ
一定 （いってい）
形 （かたち）
16 根本 （こんぽん）
～において
保つ （たもつ）
崩す （くずす）
18 能力 （のうりょく）
奪う （うばう）
特殊な （とくしゅ）
隠語 （いんご）
塔 （とう）
崩壊する （ほうかい）
以後 （いご）
状態 （じょうたい）
20 ～にふさわしい
21 ～に合わせる （あわせる）
22 活性化する （かっせいか）
現象 （げんしょう）
(4) 条件 （じょうけん）

2. (p. 122)

発表する （はっぴょう）
項目 （こうもく）
情報 （じょうほう）

ユニット 8 環境のためにできること

環境 （かんきょう）

読む前に (p. 132-133)

1 海洋 （かいよう）
汚染する （おせん）
大気 （たいき）
リサイクル
酸性雨 （さんせいう）
温暖化する （おんだんか）
騒音 （そうおん）
野生 （やせい）
動植物 （どうしょくぶつ）
減少する （げんしょう）
砂漠化する （さばくか）
オゾン層 （オゾンそう）
破壊する （はかい）
紫外線 （しがいせん）
2 排出する （はいしゅつ）
減らす （へらす）
取り組み （とりくみ）
普段 （ふだん）
[1] 冷房 （れいぼう）
温度 （おんど）
暖房 （だんぼう）
設定する （せってい）
利用する （りよう）
太陽光 （たいようこう）
入射する （にゅうしゃ）
調整する （ちょうせい）
クールビズ
ウォームビズ
取り入れる （とりいれる）
冷暖房 （れいだんぼう）

工夫する （くふう）
過ごす （すごす）
削減する （さくげん）
節約する （せつやく）
2 往復する （おうふく）
通勤する （つうきん）
際に （さいに）
鉄道 （てつどう）
健康 （けんこう）
3 アイドリングストップ
駐車する （ちゅうしゃ）
停車する （ていしゃ）
物質 （ぶっしつ）
寄与する （きよ）
4 待機する （たいき）
主電源 （しゅでんげん）
抜く （ぬく）
家電製品 （かでんせいひん）
買い替え （かいかえ）
5 身体 （からだ）
お湯 （おゆ）
流す （ながす）
＊流しっぱなし （ながしっぱなし）
6 風呂 （ふろ）
残り湯 （のこりゆ）
洗濯する （せんたく）
使いまわす （つかいまわす）
庭 （にわ）
水やり （みずやり）
市販する （しはん）
ポンプ
便利な （べんり）
7 ジャー
保温する （ほおん）
ポット
消費する （しょうひ）
電子レンジ （でんしレンジ）
温めなおす （あたためなおす）
8 部屋 （へや）
団らん （だんらん）
照明 （しょうめい）
別々 （べつべつ）
余計な （よけい）
9 買い物袋 （かいものぶくろ）
省包装 （しょうほうそう）
野菜 （やさい）
トレー
ラップ
レジ袋 （レジぶくろ）
10 番組 （ばんぐみ）
身近な （みぢか）
対策 （たいさく）
家庭 （かてい）
3 心掛ける （こころがける）
項目 （こうもく）
活動する （かつどう）

読んでみよう (p. 134-137)

暮らし （くらし）
無駄な （むだ）
自覚する （じかく）
1 我慢する （がまん）
自販機 （じはんき）
深夜 （しんや）
コンビニ
2 温水洗浄 （おんすいせんじょう）
得る （える）
日常生活 （にちじょうせいかつ）
快適さ （かいてきさ）
引き換え （ひきかえ）
3 地球 （ちきゅう）
悪化する （あっか）
招く （まねく）
防ぐ （ふせぐ）
受け入れる （うけいれる）
4 あくまで
架空 （かくう）
想定する （そうてい）
世の中 （よのなか）
6 自動販売機 （じどうはんばいき）
7 営業する （えいぎょう）

8 いまや
全国（ぜんこく）
店舗（てんぽ）
9 大半（たいはん）
〜とともに
手軽な（てがる）
実現する（じつげん）
10 代表格（だいひょうかく）
浸透する（しんとう）
〜ぶり
手放す（てばなす）
11 値する（あたい）
＊注目に値する（ちゅうもくにあたいする）
ただ
失う（うしなう）
〜代わりに（かわりに）
二酸化炭素（にさんかたんそ）
12 抑止する（よくし）
効果（こうか）
諸説（しょせつ）
13 環境省（かんきょうしょう）
個人（こじん）
14 〜にとどまる
関東（かんとう）
以南（いなん）
地域（ちいき）
16 普及する（ふきゅう）
歴史（れきし）
浅い（あさい）
割に（わりに）
〜派（〜は）
17 世代（せだい）
〜別（〜べつ）
傾向（けいこう）
年齢（ねんれい）
18 〜に従って（したがって）
増える（ふえる）
逆に（ぎゃくに）
減る（へる）
19 脱（だつ）
中心街（ちゅうしんがい）
乗り入れ（のりいれ）
禁止する（きんし）
20 割合（わりあい）
〜に上る（のぼる）
21 程度（ていど）
22 尋ねる（たずねる）
23 占める（しめる）
〜当たり（〜あたり）
輸送（ゆそう）
24 量（りょう）
〜倍（〜ばい）
25 意識する（いしき）
今後（こんご）
〜次第（〜しだい）

（質問と回答）

数字（すうじ）
① 関心（かんしん）
大いに（おおいに）
全く（まったく）
② 状態（じょうたい）
様子（ようす）
重病（じゅうびょう）
③ 電気製品（でんきせいひん）
プラグ
こまめに
⑤ 構わない（かまわない）
困る（こまる）
⑦ 政府（せいふ）
企業（きぎょう）
努力する（どりょく）
⑧ 温室（おんしつ）
抑える（おさえる）
石油（せきゆ）
石炭（せきたん）
税金（ぜいきん）
導入する（どうにゅう）
賛成する（さんせい）
反対する（はんたい）
⑨ 原子力発電（げんしりょくはつでん）
一方で（いっぽうで）
安全性（あんぜんせい）

指摘する　（してき）
柱　（はしら）
すえる
方針　（ほうしん）
妥当な　（だとう）
⑩ 風力　（ふうりょく）
自然な　（しぜん）
現状　（げんじょう）
コスト
仮に　（かりに）
料金　（りょうきん）
（調査方法）
有権者　（ゆうけんしゃ）
選挙する　（せんきょ）
名簿　（めいぼ）
両日　（りょうじつ）
調査員　（ちょうさいん）
個別　（こべつ）
面接する　（めんせつ）
有効回答　（ゆうこうかいとう）
内訳　（うちわけ）

■内容を確認しよう (p. 136-137)

(1) 順　（じゅん）
まとめる

■意見を述べよう (p. 137)

(3) 代替　（だいたい）

読んだあとで (p. 138-140)

1. (p. 138-139)

分野　（ぶんや）
活動家　（かつどうか）
ノーベル平和賞　（ノーベルへいわしょう）
受賞する　（じゅしょう）
ワンガリ・マータイ　〔人名〕
1 初めて　（はじめて）
もったいない
メッセージ
2 直感する　（ちょっかん）
精神的な　（せいしんてき）
ルーツ
3 惹く　（ひく）
＊～に惹かれる　（ひかれる）
長年　（ながねん）
取り組む　（とりくむ）
掲げる　（かかげる）
合言葉　（あいことば）
4 リデュース
リユース
たった
一言　（ひとこと）
言い表す　（いいあらわす）
5 素晴らしい　（すばらしい）
追い込む　（おいこむ）
深刻な　（しんこく）
脅威　（きょうい）
6 無駄遣い　（むだづかい）
再利用する　（さいりよう）
8 実用的な　（じつようてき）
先見性　（せんけんせい）
～にたける
ビジョン
つまり
9 ～にあてはまる
皆さん　（みなさん）
地元　（じもと）
都道府県　（とどうふけん）
10 ～に限る　（かぎる）
誰も　（だれも）
11 あらゆる
面　（めん）
13 健康的な　（けんこうてき）
不可欠な　（ふかけつ）
15 実行する　（じっこう）
16 可能な　（かのう）
運搬する　（うんぱん）
～用　（～よう）
需要　（じゅよう）
新たな　（あらた）
市場　（しじょう）

17 正当な （せいとう）
価格 （かかく）
取引する （とりひき）
18 支える （ささえる）
恩恵 （おんけい）
20 植える （うえる）
グリーンベルト
運動する （うんどう）
21 きっかけ
23 分かち合う （わかちあう）
植林 （しょくりん）
～を通して （とおして）
糧 （かて）
24 燃料 （ねんりょう）
食糧 （しょくりょう）
土地 （とち）
侵食する （しんしょく）
守る （まもる）
25 生活費 （せいかつひ）
足し （たし）
26 市民 （しみん）
27 望む （のぞむ）
28 保護する （ほご）
復旧活動 （ふっきゅうかつどう）
～に参加する （さんか）
(1) 成果 （せいか）
＊成果を上げる （せいかをあげる）

2. (p. 139-140)

数値 （すうち）
背景 （はいけい）
原因 （げんいん）
(A) 主要国 （しゅようこく）
各国 （かっこく）
合計する （ごうけい）
(B) 世帯 （せたい）
用途 （ようと）
給湯 （きゅうとう）
(C) 古紙 （こし）
回収する （かいしゅう）
率 （りつ）
板紙 （いたがみ）
消費量 （しょうひりょう）
資料 （しりょう）

ユニット 9 食の共同性

食 （しょく）
共同性 （きょうどうせい）

読む前に (p. 150)

1 食事する （しょくじ）
2 質 （しつ）
外食する （がいしょく）
極力 （きょくりょく）
避ける （さける）
ともにする
人間関係 （にんげんかんけい）
深まる （ふかまる）
3 大勢 （おおぜい）
共同 （きょうどう）
4 記憶する （きおく）
残る （のこる）

読んでみよう (p.151-154)

求める （もとめる）
1 伝統的な （でんとうてき）
2 充実する （じゅうじつ）
3 行為 （こうい）
独特な （どくとく）
社会性 （しゃかいせい）
～に沿う （そう）
見直す （みなおす）

4 類人猿 （るいじんえん）
5 発明する （はつめい）
以前 （いぜん）
明示的な （めいじてき）
6 結びつける （むすびつける）
和解する （わかい）
共存する （きょうそん・きょうぞん）
手段 （しゅだん）
だからこそ
現代 （げんだい）
贈り物 （おくりもの）
7 携える （たずさえる）
歓迎する （かんげい）
場 （ば）
設ける （もうける）
合意する （ごうい）
～に達する （たっする）
8 証 （あかし）
光景 （こうけい）
説得力 （せっとくりょく）
9 民族 （みんぞく）
国家 （こっか）
地域 （ちいき）
世代 （せだい）
境界 （きょうかい）
あいまいな
一方で （いっぽうで）
突如 （とつじょ）
10 新たな （あらた）
障壁 （しょうへき）
出現する （しゅつげん）
予想する （よそう）
暴力 （ぼうりょく）
発生する （はっせい）
居場所 （いばしょ）
11 常に （つねに）
不安な （ふあん）
壁 （かべ）
平和な （へいわ）
乗り越える （のりこえる）
12 利用する （りよう）
集団 （しゅうだん）
象徴する （しょうちょう）
13 作法 （さほう）
歴史 （れきし）
色濃い （いろこい）
反映する （はんえい）
それぞれに
個別 （こべつ）
14 象徴的な （しょうちょうてき）
出身者 （しゅっしんしゃ）
15 慣習 （かんしゅう）
味わう （あじわう）
16 身体 （しんたい）
～を通して （とおして）
交換する （こうかん）
ゆえに
17 優しい （やさしい）
しかも
影響力 （えいきょうりょく）
18 他者 （たしゃ）
19 熱帯雨林 （ねったいうりん）
ゴリラ
狩猟採集 （しゅりょうさいしゅう）
～民 （～みん）
～とともに
暮らす （くらす）
20 みごとな
共同作業 （きょうどうさぎょう）
実感する （じっかん）
森 （もり）
21 食材 （しょくざい）
またたくうちに
分配する （ぶんぱい）
調理する （ちょうり）
22 席 （せき）
老人 （ろうじん）
何がしか （なにがしか）
役割 （やくわり）
果たす （はたす）
23 存在する （そんざい）
示す （しめす）

24 仲間 （なかま）
認知する （にんち）
確認する （かくにん）
まさに
25 ~に向けて （むけて）
具現化する （ぐげんか）
誰 （だれ）
指図する （さしず）
26 あたかも
当たり前 （あたりまえ）
驚く （おどろく）
27 自覚する （じかく）
状況 （じょうきょう）
~に応じる （おうじる）
28 心得る （こころえる）
自然な （しぜん）
進行する （しんこう）
29 原点 （げんてん）
型 （かた）
30 実現する （じつげん）
注意する （ちゅうい）
32 山菜採り （さんさいとり）
実習する （じっしゅう）
大学院 （だいがくいん）
33 分け入る （わけいる）
コゴミ
ウド
タラノメ
摘む （つむ）
34 目指す （めざす）
実際 （じっさい）
姿 （すがた）
35 図鑑 （ずかん）
判然と （はんぜんと）
物を言う （ものをいう）
36 難なく （なんなく）
初心者 （しょしんしゃ）
的確な （てきかく）
37 発見する （はっけん）
38 可食部分 （かしょくぶぶん）
切りそろえる （きりそろえる）
湯通しする （ゆどおし）
和え物 （あえもの）
味噌汁 （みそしる）
39 揚げる （あげる）
ちょっとした
手際 （てぎわ）
40 輪 （わ）
分担する （ぶんたん）
41 まき
割る （わる）
管理する （かんり）
食器 （しょっき）
42 呼吸する （こきゅう）
組み合わす （くみあわす）
43 野外 （やがい）
醍醐味 （だいごみ）
調理法 （ちょうりほう）
44 ~に従って （したがって）
ときには
趣向 （しゅこう）
取り入れる （とりいれる）
思わぬ （おもわぬ）
組み合わせ （くみあわせ）
45 試す （ためす）
賞味する （しょうみ）
批評する （ひひょう）
ひと時 （ひととき）
46 実に （じつに）
単純な （たんじゅん）
仕掛け （しかけ）
47 苦痛な （くつう）
48 苦手な （にがて）
49 もたらす
美学 （びがく）
保障する （ほしょう）
権利 （けんり）
50 独りで （ひとりで）
奥底 （おくそこ）
なぜなら
51 人類 （じんるい）
進化する （しんか）

接する （せっする）
前提 （ぜんてい）
53 競合する （きょうごう）
源泉 （げんせん）
54 要素 （ようそ）
付け加える （つけくわえる）
抑制する （よくせい）
合わせる （あわせる）
55 持続する （じぞく）
盛り上がる （もりあがる）
56 同調する （どうちょう）
つきもの
57 報酬 （ほうしゅう）
付与する （ふよ）
原則 （げんそく）
59 問う （とう）
本能 （ほんのう）
視点 （してん）

■内容を確認しよう (p. 153-154)

(3) 根拠 （こんきょ）
(5) 指す （さす）
(6) 共通する （きょうつう）

■意見を述べよう (p. 154)

体験談 （たいけんだん）
交える （まじえる）

読んだあとで (p. 155-156)

1. (p. 155-156)

1 コンビニ
提供する （ていきょう）
個食 （こしょく）
2 少子化 （しょうしか）
高齢社会 （こうれいしゃかい）
3 減少する （げんしょう）
単位 （たんい）
世帯 （せたい）
人数 （にんずう）
4 注目する （ちゅうもく）
5 単身 （たんしん）
一人暮らし （ひとりぐらし）
6 全～ （ぜん～）
半数 （はんすう）
7 情報総研 （じょうほうそうけん）
参照する （さんしょう）
8 数 （かず）
ほぼ
横ばい （よこばい）
9 性別 （せいべつ）
増加する （ぞうか）
10 若者 （わかもの）
担い手 （にないて）
中高年 （ちゅうこうねん）
来店する （らいてん）
11 関連する （かんれん）
12 すなわち
13 便利な （べんり）
14 共食 （きょうしょく）
15 草分け的な （くさわけてき）
広める （ひろめる）
16 各地 （かくち）
18 普遍的な （ふへんてき）
最小 （さいしょう）
20 単身者 （たんしんしゃ）
アンケート
夕食 （ゆうしょく）
21 ～に上る （のぼる）
23 自宅 （じたく）
24 とはいえ
孤食 （こしょく）
寂しい （さびしい）
25 捉える （とらえる）
少数派 （しょうすうは）
過半数 （かはんすう）
自由な （じゆう）
安らぐ （やすらぐ）
26 リラックスする
27 脳科学 （のうかがく）
秘密 （ひみつ）
(4) 現れる （あらわれる）

2. (p. 156)
お弁当　（おべんとう）
残す　（のこす）
栄養　（えいよう）
サプリメント
減らす　（へらす）
空く　（すく）

無理な　（むり）
開発する　（かいはつ）
実態　（じったい）
基本　（きほん）

3. (p. 156)
対策　（たいさく）

ユニット 10 笑いのちから

笑い　（わらい）

読む前に (p. 164-165)

1 日々　（ひび）
最近　（さいきん）
大笑いする　（おおわらい）
2 喜怒哀楽　（きどあいらく）
具体例　（ぐたいれい）
喜び　（よろこび）
怒り　（いかり）
哀しさ　（かなしさ）
3 感情　（かんじょう）
～に伴う　（ともなう）
4 笑う門には福来たる
（わらうかどにはふくきたる）
ことわざ
5 漫才　（まんざい）
ネタ
浮かぶ　（うかぶ）
ニヤニヤする
基本的な　（きほんてき）
冗談　（じょうだん）
どっと
プレゼン・プレゼンテーション
失敗する　（しっぱい）
ごまかす
接客する　（せっきゃく）
顔　（かお）
苦笑い　（にがわらい）
愛想笑い　（あいそわらい）
爆笑　（ばくしょう）
嘲笑　（ちょうしょう）
照れ笑い　（てれわらい）

読んでみよう (p. 166-168)

効能　（こうのう）
1 健康　（けんこう）
2 米国　（べいこく）
医学博士　（いがくはくし）
神経　（しんけい）
系　（けい）
循環する　（じゅんかん）
内分泌　（ないぶんぴつ）
免疫　（めんえき）
3 人体　（じんたい）
器官　（きかん）
深い　（ふかい）
作用する　（さよう）
およぼす
またとない
良薬　（りょうやく）
4 先端科学　（せんたんかがく）
あらためて
理解する　（りかい）
5 生理　（せいり）
実験する　（じっけん）

観察する (かんさつ)
多数 (たすう)
報告する (ほうこく)
7 岡山 (おかやま) 〔地名〕
柴田病院 (しばたびょういん) 〔病院の名前〕
～に勤務する (きんむ)
内科医 (ないかい)
難治疾患 (なんちしっかん)
伊丹仁朗 (いたみじんろう) 〔人名〕
最良 (さいりょう)
8 グッズ
詰まる (つまる)
指摘する (してき)
担当する (たんとう)
重症患者 (じゅうしょうかんじゃ)
9 吉本興業 (よしもとこうぎょう) 〔会社名〕
劇場 (げきじょう)
観客 (かんきゃく)
協力する (きょうりょく)
重ねる (かさねる)
10 血液検査 (けつえきけんさ)
11 細胞 (さいぼう)
数倍 (すうばい)
増加する (ぞうか)
12 ガン
攻撃する (こうげき)
破壊する (はかい)
増強する (ぞうきょう)
13 比率 (ひりつ)
測定する (そくてい)
膠原病 (こうげんびょう)
リュウマチ
14 自己免疫疾患 (じこめんえきしっかん)
15 正常値 (せいじょうち)
～に向かう (むかう)
異常 (いじょう)
16 改善する (かいぜん)
17 筑波大学 (つくばだいがく) 〔大学名〕
村上和雄 (むらかみかずお) 〔人名〕
教授 (きょうじゅ)
糖尿病 (とうにょうびょう)
タレント
18 笑芸 (しょうげい)
観覧する (かんらん)
血糖値 (けっとうち)
急激な (きゅうげき)
降下する (こうか)
発表する (はっぴょう)
19 医学界 (いがくかい)
有効な (ゆうこう)
20 決定づける (けっていづける)
解明する (かいめい)
21 未だ (いまだ)
22 ヒアリング
ビジュアル
視神経 (ししんけい)
聴覚 (ちょうかく)
伝わる (つたわる)
23 脳神経 (のうしんけい)
副交感 (ふくこうかん)
刺激する (しげき)
あらゆる
臓器 (ぞうき)
呼応する (こおう)
生み出す (うみだす)
24 仮説 (かせつ)
検証する (けんしょう)
確証 (かくしょう)
分野 (ぶんや)
25 カテゴリー
26 結成する (けっせい)
28 この度 (たび)
糾合する (きゅうごう)
～にて
29 因果関係 (いんがかんけい)
大衆 (たいしゅう)
増進する (ぞうしん)
大いに (おおいに)
貢献する (こうけん)
30 切なる (せつなる)
願い (ねがい)
込める (こめる)

31 元 （もと）
東京大学先端科学技術センター （とうきょうだいがくせんたんかがくぎじゅつセンター）
松本博志 （まつもとひろし） 〔人名〕
32 心筋梗塞 （しんきんこうそく）
冠状動脈 （かんじょうどうみゃく）
詰まり （つまり）
具合 （ぐあい）
33 開発する （かいはつ）
研究所 （けんきゅうしょ・けんきゅうじょ）
所長 （しょちょう）
34 エンドルフィン
インシュリン
分泌する （ぶんぴつ）
35 感覚 （かんかく）
反応する （はんのう）
自律神経 （じりつしんけい）
信号 （しんごう）
心臓 （しんぞう）
血管 （けっかん）
36 帝京平成大学 （ていきょうへいせいだいがく） 〔大学名〕
盛り上がる （もりあがる）
37 ~にしたがって
手をつける （てをつける）
38 希望する （きぼう）
語る （かたる）
39 頂く （いただく）
証明する （しょうめい）
40 可能性 （かのうせい）
41 究明する （きゅうめい）
言い切る （いいきる）
42 長寿薬 （ちょうじゅやく）
43 ともあれ
高齢化社会 （こうれいかしゃかい）
現実 （げんじつ）
〜つつある
総じて （そうじて）
44 世間 （せけん）
転がる （ころがる）
薬 （くすり）
46 素晴らしい （すばらしい）
フル活用する （フルかつよう）
過ごす （すごす）
氾濫する （はんらん）
膨大な （ぼうだい）
情報戦争 （じょうほうせんそう）
立ち向かう （たちむかう）
豹変する （ひょうへん）
47 著しい （いちじるしい）
生活環境 （せいかつかんきょう）
ストレス
逃れる （のがれる）
49 千日前 （せんにちまえ） 〔地名〕
上方演芸 （かみがたえんげい）

■内容を確認しよう (p. 168)

(3) 目的 （もくてき）

読んだあとで (p. 169-170)

1. (p. 169)

芸能 （げいのう）

3. (p. 169-170)

1 落語 （らくご）
2 江戸時代 （えどじだい）
3 大方 （おおかた）
4 高座 （こうざ）
舞台 （ぶたい）
噺 （はなし）
5 俳優 （はいゆう）
趣 （おもむき）
6 芝居 （しばい）
スポットライト
7 いちいち
9 ところが
細かい （こまかい）
11 特殊な （とくしゅ）
12 複数 （ふくすう）
出演する （しゅつえん）
演技する （えんぎ）

13 いずれにしても
台本 （だいほん）
14 一人一役 （ひとりひとやく）
きわめて
15 演じる （えんじる）
16 小道具 （こどうぐ）
扇子 （せんす）
手ぬぐい （てぬぐい）
17 古典 （こてん）
定番 （ていばん）
衣装 （いしょう）
18 披露する （ひろう）
20 一言 （ひとこと）
21 独自 （どくじ）
熟成する （じゅくせい）
とげる
特有 （とくゆう）
22 滑稽な （こっけい）
23 オチ
サゲ
24 つまるところ
人情 （にんじょう）
25 ストーリー
タイミング
狙う （ねらう）
結末 （けつまつ）
用いる （もちいる）
26 描く （えがく）
27 おまけ
ご存じ （ごぞんじ）
～とおり
あつかう
28 ～にもかかわらず
こえる
共感する （きょうかん）
29 哀歓 （あいかん）
通じる （つうじる）
30 ～にいたる
～につきる
32 入門 （にゅうもん）

4. (p. 170)
検索する （けんさく）

重要表現解説

凡　例

N：名詞

V：動詞

V［辞書形］	：辞書形	=	書く
V［ない］	：否定形	=	書かない
V［なくて］	：否定形のて形	=	書かなくて
V［~~ない~~］	：未然形	=	書か
V［~~ます~~］	：連用形	=	書き
V［て］	：て形	=	書いて
V［た］	：た形	=	書いた
V［ば］	：ば形	=	書けば
V［う］	：意向形	=	書こう

イ形	：い形容詞の語幹	=	あつ
イ形［い］	：辞書形	=	あつい
イ形［く］	：連用形	=	あつく
イ形［くて］	：て形	=	あつくて

ナ形	=	有名
ナ形［な］	=	有名な
ナ形［で］	=	有名で
ナ形［だ］	=	有名だ

［普通形］

名詞	=	学生だ、学生ではない、学生だった、学生ではなかった、など
動詞	=	書く、書かない、書いた、書かなかった、書いている、など
い形容詞	=	暑い、暑くない、暑かった、暑くなかった、など
な形容詞	=	有名だ、有名ではない、有名だった、有名ではなかった、など

自己紹介と本当の自分

1. ～(の) ではないでしょうか

接続の形：	[普通形]	(の)	ではないだろうか
	ただし	N (なの)	
		ナ形 ([な] の)	

推量を表す表現。「Xではないだろうか」で、話し手は自信はないがXだと思っているということを表す。

例）それは難しいのではないだろうか。

また、話し言葉では「～ん では／じゃ ないでしょうか」となることが多い。

「Xだろう」は、より確信がある場合に用いられる。

2. ～ことを「……」と言う

接続の形：	[普通形]		ことを 「……」と言う
	ただし	N である／の	
		ナ形 [で] ある／[な]	

ある事柄を述べ、それを表す名詞や名詞節を「……」で示す。新しい言葉や専門用語などを提示するときに用いる表現。

3. ～ばかりで

接続の形：	ナ形[な]	ばかりで
	イ形[い]	
	V[辞書形]	

「XばかりでY」の形で、Xだけで、それ以上のことはない、という話し手のマイナス評価を表す。Yには否定的な表現がくる。

例）○彼は言われたことをするばかりで、自分からは行動しない。

×彼は言われたことをするばかりで、本当に助かる。

「V[て] ばかり」は同じことを繰り返したり、同じ状態にあることを批判的に述べるときに用いる。

例）怠けてばかりいると、きっと後悔するよ。

4. このように 見てみると／考えると、～ということになる

接続の形：	このように	見てみると、 考えると、	[普通形]ということになる

前に述べられたいくつかのポイントから考えると、当然～という結果がでてくる／～という結論になる、と述べる表現。後半には「と言える／ということになる／ということがわかる」などの表現がくることが多い。

5. ～ば～ほど

接続の形：	Nであればある ナ形[で]あればある イ形ければ　イ形[い] V[ば]　V[辞書形]	ほど

「XばXほどY」の形で、Xの程度が高くなると、それに比例してYの程度も高くなることを表す。

例）読めば読むほど理解が深まる。
　　大きければ大きいほどいい。

類義表現として「～ば～だけ」「～たら～ただけ」「～ほど」（「～ば」のない形）がある。

例）読めば読むだけ理解が深まる。
　　読んだら読んだだけ理解が深まる。（話し言葉的）
　　読むほど理解が深まる。

6. 例えば～とする

接続の形：	例えば　[普通形]　とする

「仮に～と考える」という意味。現実とは関係なく想像上で条件を設定するときに用いる。似た表現に「～として」「～とすれば」「～とすると」がある。いずれも仮定条件を示し、後半には「だろう／はずだ」などの表現が用いられることが多い。「例えば／仮に」などの言葉は仮定であることを強調する。

⇨ユニット8－1「～とすれば」

7. ～場合もある

接続の形：	Nの／で(は)ない ナ形［な］／［で］(は)ない イ形［い］／［く］ない V［辞書形］／［ない］	場合もある

そのことが起こる可能性があることを述べるときに用いる表現。

例）占いが当たる場合もある。

「ない」を伴って、たいていは大丈夫だが、ダメなこともある、ということを言いたいときにも使われる。

例）状態によっては修理できない場合もあります。

「～こともある」もよく似た表現。

8. ～と、なおさら…

接続の形：	Nだ／で(は)ない ナ形［だ］／［で］(は)ない イ形［い］／［く］ない V［辞書形］／［ない］	と、なおさら

「Xと、なおさらY」の形で、Xの状況になると、あるいはXの場合は、よりいっそうYの程度が進むことを表す。

「なおさら」は書き言葉的表現で、話し言葉では「よけいに」が使われることが多い。

ユニット 2 若者の自己評価

1. ～に関するN／～に関して

接続の形：	N ［普通形］こと ただし　Nである／の 　　　　ナ形［で］ある／［な］	に関するN／に関して

主に「調べる／述べる／話す」などの言語・知的活動を表す動詞を後ろにとって、その取り扱う対象を示す。「～について」と意味はほぼ同じだが、より堅い表現になる。

例）今後のエネルギー需要に関して、意見を述べたい。

「～に関しては」「～に関して言えば」は話し手が話題を限定するときに使う慣用的な表現。丁寧な話し言葉では「～に関しまして」という表現も使われる。

2. ～なりに／～なりのN

接続の形：	N　なりに／なりのN

「Xなりに／なりの」で、Xには人や組織（会社や学校など）を表す名詞がくる。Xの力の及ぶ範囲で、それ相応の状態であることを表す。Xに限界や欠点があることを認めたうえで、何らかのプラスの評価をするときに用いる。従って、Xに欠点や限界があると考えられるときは使えるが、Xがすでにすばらしい特徴や能力を持っていると考えられる場合には不自然になる。

例）○私なりの考えで、この計画を実行することにした。
　　？専門家なりの考えで、この計画を実行することにした。

3. ～ごとに

接続の形：	N V［辞書形］	ごとに

「その度に」「そのつど」という意味を表す場合と、「それぞれに」という意味を表す場合がある。

例）このレンタルビデオ店では１日遅れるごとに100円の延滞料が発生する。
　　カードごとに違うパスワードを使っている。

動詞につくときは「度に」を使うことが多い。

例）引っ越しする度に友達が増える。

⇨ユニット5－3「～度に」

4. ～まで

接続の形：	N（＋助詞） V［辞書形］	まで

普通では考えられない範囲にまで及んでいることを強調し、話し手が驚きを込めて述べる表現。「名詞＋は／を／が」は「名詞＋まで」の形に、「名詞＋〈は・を・が〉以外の助詞」は「名詞＋助詞＋まで」の形で用いられる。

例）小学生まで（が）携帯電話を持っている。
　　携帯電話は小学生にまで広がっている。

類義語に「も」「さえ」「すら」がある。

動詞の場合は、「V［辞書形］までになる」という形をとり、「～ようになる」とほぼ同じ意味だが、努力して現在のよい結果・状態になった、そこまでになった、という話し手の驚きの気持ちが込められた表現である。「なる」のほかに「成長する・育つ・進歩する・上達する」など、よい変化を表す動詞とともに使われることが多い。

例）頼りない息子だったが、社会に出て、私に説教をするまでになった。

また、「V［て］まで」「Nまでして」という形をとる場合、「そのような極端な手段を使って」という意味を表す。非難する気持ちを表すこともある。

例）徹夜までしてレポートを書いたのに、評価はCだった。
そんなことをしてまで、選挙に勝ちたいんですか。

5. めったに〜ない

接続の形： めったに　V［~~ない~~］ない
［普通形］
ただし　Nである
ナ形［で］ある／［な］　｜ことはめったにない

動詞の否定形とともに用いられ、何かをする回数が非常に少ないことを表す。「めったに〜ない」と「たまに〜」はともに頻度が少ないことを表すが、「めったに〜ない」は回数が少ないことを強調し、「たまに〜」は、頻度は少ないが「ある」ことを表現している。

「あまり〜ない」＞「めったに〜ない」＞「全然／全く〜ない」の順に頻度が低くなる。

6. いったい〜の（だろう）か

接続の形： いったい　｜［普通形］
ただし　N である／な
ナ形［で］ある／［な］　｜の（だろう）か

疑問表現の中で用いられ、「何／いくつ／だれ／いつ／どうして」のような疑問詞とともに用いられることが多い。話し手の「わからない」という気持ちを表す。驚きや怒りを込めて表現する場合もある。「〜のか」の形をとらない場合もある。

例）これはいったい何だ。

「一体全体」はより強い表現。

7. 〜にすぎない

接続の形： ［普通形］
ただし　N（である）
ナ形（［で］ある）　｜にすぎない

あまり重要ではない、という評価の気持ちが伴う表現で、「単に〜だけだ」「ただの〜だ」「〜だけで、それ以上ではない」という意味。「ただ（の）／単なる／ほんの」とともに用いられることも多い。「３％にすぎない」のように数字とともに用いられるほか、「幻想にすぎない」「氷山の一角にすぎない」などもよく使われる表現である。

8. ～はずがない

接続の形：	［普通形］	はずがない
	ただし　N である／の	
	ナ形［で］ある／［な］	

「～はずがない」「～はずはない」の形で用いられる。話し手がある事実をもとに、「その可能性がない／あり得ない／おかしい」と考えたとき、その強い気持ちを表す表現。

「彼が行かないはずがない」は「行かないという可能性はない」「行くはずだ」という意味になる。

「わけがない」も同様の意味を表す表現である。

9. ～わけではない

接続の形：	［普通形］	わけではない
	ただし　N な／という	
	ナ形［な］／という	

現在の状況や、発言から当然予想される事柄を否定するのに用いる。「が」「けれども」「だからといって」「特に」などとともに用いられることが多い。

例）彼は専門家だけれど、だからといって、彼の言うことが全部正しいわけではない。

名詞、ナ形に接続するときは、「Nな／Nという」「ナ形［な］／ナ形という」の形になる。

例）私はサッカーの生中継をよく見るが、熱狂的なファンというわけではない。
　　私はサッカーファンだが、海外まで試合を見に行くほど熱狂的というわけではない。

「～ないわけではない」は部分的に肯定する表現で、「少しは～」「たまには～」という意味。

例）食べないわけではないが、生魚は苦手だ。

「X（だ）からYわけではない」は、XがYの理由ではないことを表す表現。

例）君が約束に遅れたから怒ったわけではない。謝らなかったから怒ったんだ。

ユニット 3　ジェンダーを考える

1. ～限り

接続の形：	N の／である／ではない	限り
	ナ形［な］／［で］ある／［で］はない	
	イ形［い］／［く］ない	
	V［辞書形］／［て］いる／［ない］／［た］	

「〜」で条件の範囲を表し、「その条件の状態が続いている間は」という意味を表す。従って、条件の状態が変化すればその結果が変わるという意味を含んでいる。「〜ない限り」は「〜が起こらない間は」という意味。前の部分は状態が続いていることを示す表現が自然。

例）○生きている限り、あなたのことは忘れません。

×生きる限り、あなたのことは忘れません。

また、「見る／聞く／知る」などの認識を表す動詞について「自分の経験や知識の範囲内で判断すれば」という意味を表す。

例）私が知る限り、この方法が一番簡単だ。

2. 〜うえ（に）

接続の形：	[普通形] ただし　Nである／の ナ形[で]ある／[な]	うえ（に）

「XうえにY」で「XだけでなくYも」という意味。Xに、さらに程度の高いこと（Y）を加えて述べる表現。XとYは、ともにプラスの内容、あるいは、ともにマイナスの内容。

例）（＋）親切にしていただいたうえにお土産までいただいて。

（－）昨日は渋滞に巻き込まれたうえに、エアコンの調子が悪くて、さんざんだった。

3. 〜といったふうに／〜というふうに

例をいくつか挙げるときに用いる表現。「A、BといったふうにX」で、Xという結論をわかりやすく述べるために、A、Bという例を挙げる。似た表現に「A、BといったY」という表現があるが、用法が異なる。「A、BといったY」はYに名詞をとり、その名詞が具体的にどのようなものかを、A、Bで例示する。

例）○彼女は昼は会社で仕事、夜は英会話の勉強といったふうに、毎日非常に忙しい。

×彼女は昼は会社で仕事、夜は英会話の勉強といった、毎日非常に忙しい。

○彼女は昼は会社で仕事、夜は英会話の勉強といった非常に忙しい生活を送っている。

黒澤、小津	×といったふうに ○といった	監督は世界でも有名だ。

4. 〜（の）代わりに

接続の形：	Nの V[辞書形]	代わりに

「XかわりにY」の形で「Xをしないで、あるいは、Xではなく、それに代わるものとしてY」という意味を表す。

例）大学へ行く代わりに４年間世界中を旅行した。

接続の形： ［普通形］ ただし Nである／の ナ形［で］ある／［な］	代わりに

「X代わりにY」の形で「Xという面もあるがその反対のYという面もある」、あるいは、「Xの代償としてY」という意味を表す。

例）このあたりは静かな代わりに、午後9時になるとバスもなくなる。
仕事を手伝ってもらった代わりに、映画の切符をプレゼントした。

5. 〜うえで

接続の形： V［た］ Nの	うえで

「Xうえで、Y」の形で、まずある行動を行って（X）、その結果に基づいて次の行動をとる（Y）、ことを述べる。

Nには「合意／確認／話し合い／相談」などの語がくることが多い。

6. どちらかといえば／どちらかというと

人の性格や物事の特徴などについて述べるとき、2つの選択肢のうち、もしくはそうであるかないかという選択のうち、一方の傾向がより強い、どちらかの特徴がより強く見られるということを表す。

例）私はどちらかといえば消極的だ。（少し消極的だ、消極的なところがある）
A：冬と夏、どちらが好き？
B：どちらかというと、冬。（あまり差はないが、少し冬のほうが好きだ）

7. 〜ってことは、……ってこと／〜ということは、……ということ

接続の形： ［普通形］ってことは、［普通形］ってこと
［普通形］ということは、［普通形］ということ

ある状況を示し、それについて解釈を述べるときの表現。「Xということは、Yということ」の形で、Xという状況の解釈をYで示す。文末は「ことではないか」「ことだろう」など、判断をやわらげる表現もよく使われる。「〜ってことは、〜ってこと」は話し言葉。

⇨ユニット5－1「〜と（いうの）は……ことを言う／ことだ」

8. ～も～もない

接続の形：	N ナ形 イ形[い] V_1[辞書形]	も	N ナ形 イ形[い] V_1[ない]	もない

「大人／子供」「好き／嫌い」「高い／安い」など一対になった言葉を取り上げ、そのことについては問題ではない、あるいは、問題にしない、ということを表す。動詞等の場合は「する／しない」「～たい／～たくない」のように、主に同じ言葉の肯定形と否定形を対にして用いる。

例）先輩も後輩もない。（年齢は問題ではない）
　　好きも嫌いもない。作ってもらったものは全部食べなさい。（好きかどうかは問題ではない）
　　できるもできないもない。やるしかないだろう。（できるかどうかは問題ではない）
　　やりたいも、やりたくないもない。やることになっているのだから。
（やりたいかどうかは問題ではない）

「Nは～でも～でもない」は、「Nが／Nについては、そのどちらでもない」という意味を表す別の表現。

例）彼は先輩でも後輩でもない。
　　彼のことは好きでも嫌いでもない。

ユニット 4 ことばと文化

1. ～ようなものだ

接続の形：	Nの V[普通形]	ようなものだ

物事の状態や性質、動作の様子を何かに例えて表現するのに使う。また、物事の本質や、真理を何かに例えて表現する場合もある。

例）人生というのは旅のようなものだ。
　　ここまで来れば、成功したようなものだ。

2. ～(よ)うものなら

接続の形：	V[う]	ものなら

誇張した仮定条件の表現で、話し手の強い感情が伴う。後半には「大変なこと、望ましくないことが起きる」という内容がくることが多い。

3. 〜かねない

接続の形：	V[~~ます~~]かねない

「〜という悪い結果を招く可能性がある」という意味。「〜かもしれない」と近い表現だが、「〜かねない」は話し手にとって不都合な事態が起きる場合にのみ用いられる。

例）×私は今度の試合で優勝しかねない。

○私は今度の試合で優勝するかもしれない。

○ライバルの彼が力をつけてきて、今度の試合で優勝しかねない状態だ。

類義表現に「V[辞書形]＋危険／不安がある」がある。また、「恐れがある」も望ましくない事態の推測を表す場合に用いられるが「台風が九州に上陸する恐れがある」のように客観的に事態を推測するときに多く用いられるため、ニュースや解説記事などによく使われる。

4. 〜ものの

接続の形：	[普通形] ただし　Nである ナ形[で]ある／[な]	ものの

「XもののY」で、Xで過去の出来事や現在の状況を述べ、Yには「しかし、普通に予想されるとおりにはいかない、現実は違っている(いた)」という意味の表現がくる逆接の表現。書き言葉で使われる。

5. なんといっても

「他のものと比べることができないくらいだ」「その事柄が最優先される」という話し手の気持ちを表す。「なんといってもNが一番だ／面白い」のように長所を表す語とともに用いられることが多い。くだけた話し言葉の場合、「なんてったって」「なんたって」が使われる。

よく似た表現に「何よりも」があるが、これは、「何よりもAがX」の形で「すべてのものと比較してAが一番X」という意味を表す。「なんといっても」が話し手の個人的見解なのに対し、「何よりも」はより客観的な表現である。

6. とても〜 ない／ぬ

接続の形：	とても	V[ない] V[~~ない~~]ぬ

どんな方法を使っても、無理だ、できない、という話し手の主観的な判断を表す。動詞は可能形であることが多い。

例）まずくて、とても食べられない。

動詞の否定形ではなく、否定的な表現を使って同様の意味を表す場合もある。

例）そんなこと、とても 無理だ／不可能だ。

7. ～を めぐり／めぐって

接続の形： N を めぐり／めぐって

「Xをめぐり／めぐって」は、Xとそれをとりまく周辺の事柄を対象として取り上げるときに用いる表現。後ろに続く動詞は「議論する／うわさが流れる」など言語による情報を扱う動詞、「争う／対立する」など対立や戦いを表す動詞に限られる。「～について」「～に関して」も「話す／調べる／考える」などの対象を示すときに用いられるが、対立や戦いを表す動詞の場合は「～をめぐり／めぐって」のほうが自然。名詞に続く場合は「ＮをめぐるＮ」のほかに「ＮをめぐってのＮ」という形もある

8. ～に反して

接続の形： N に反して

物事の結果が予想や期待と異なることを表す表現。Ｎには「予想／期待／意図」などの将来を予測する言葉が使われ、後半にはそれとは異なった結果が述べられる。話し言葉では「Ｎとは反対に」「Ｎと違って」となる。

9. ～からといって

接続の形： ［普通形］ からといって

「ＸからといってＹ＋否定的表現」の形で、「ＸだからＹ」ということは必ずしも成立しない、という意味を表す。後半の否定的表現には「とは限らない／わけではない」などが使われる。

例）大学の成績がよかったからといって仕事ができるとは限らない。

また、「ＸからといってＹなんて とんでもない／ひどい／どうかしてる」という形で、Ｙを非難する表現として使われることもある。話し言葉では「からって」となる。

例）「遅刻したからって、首にするなんて、ひどい！」

10. ～にとって／～にとってのN

接続の形： N にとって／にとってのN

人や組織を表す言葉を受けて、「その立場から見れば、考えると」という意味を表す。後ろには、「難しい／ありがたい」など評価の表現が続く。

例）○私たちにとってその支援はありがたかった。（評価）

「賛成する／期待する」などの態度を表明する表現は用いられない。

例）×私たちにとってその支援に感謝します。（態度表明）

○私たちはその支援に感謝します。

「XにとってのY」の形で、X、Yには名詞が入り「Xの立場から見たY」という意味を表す。

例）女性にとっての結婚と、男性にとっての結婚は同じではない。

ユニット 5 心と体のバランス

1. ～と(いうの)は……ことを言う／ことだ

接続の形：	と(いうの)は	[普通形] ただし　N である／の ナ形［で］ある／［な］	ことを言う／ことだ

単語・語句・文を受けて、その意味や性質、内容がどのようなものか説明し、定義づけをする場合に用いる。「～とは……意味だ」の形も、語句の意味や内容について定義づけを行う場合に用いられる。また「とは」は書き言葉的で、話し言葉では「というのは」が一般的。「って」はさらにくだけた表現。

形の似た表現の「～とは……ものだ」は、その本質的な特徴を述べる場合に用いられる。

例）本当の優しさとは、ときに厳しさを伴うものだ。

⇨ユニット3－7「～ってことは、……ってこと／～ということは、……ということ」

2. と言っても

接続詞的表現で、前文の内容から予想されたり、期待されたりするものに対して、実際はそれほどではないと修正を加え、限定するときに使われる。

「Nと言っても」「[普通形]と言っても」の形でも用いられる。

例）日本語には漢字が多く使われていると言っても、同じ漢字圏の中国の人にとって、日本語がやさしいわけではない。

3. ～度に

接続の形：	Nの V[辞書形]	度に

「そのときごとに」「～すると、そのときはいつも同じことが起こる」ということを表す。「度ごとに」という表現もある。

類義表現に「つど」があるが、「つど」の場合、「Nのつど」もしくは「そのつど」の形となり、「V＋つど」の形は使えない。

例）彼は会う ｜○度に／×つど｜ 面白い話を聞かせてくれる。

彼とは年に一回会うことにしている。｜○その度に／○そのつど｜ 彼は面白い話を聞かせてくれる。

⇨ユニット2－3「～ごとに」

4. そもそも

いろいろな事柄のおおもと、あるいは根本に言及し、それを取り上げて述べるときに用いる。類義語に「もともと」があるが、「もともと」は「最初は」「初めは」という表現に近く、あることについて時間的にさかのぼって、その変化に注目して述べるときの表現である。

「そもそも」は、「このけんかは、そもそも君の誤解から始まったんじゃないか」のように、問題や状況の原因について触れるときに用いられることが多く、批判的なニュアンスが入りやすい。

5. ～ふしがある

本人がはっきりとそう言ったわけではないが、その人の行動や様子からそのように察せられる、感じられるという場合に用いる。察せられる事態は否定的な内容であることが多い。

例）彼は話している間、一度も私と目を合わせなかった。どうも嘘をついているふしがある。
　　彼女は多額の借金があるようだ。私には思い当たるふしがある。

6. ～べきだ／～べきではない

接続の形：		
	Nである ナ形[で]ある イ形[く]ある V[辞書形] ただし 「する」の場合 する／す	べきだ／べきではない

「するのが当然だ」「～するのが正しい」「～しなければならない」という意味で、一般的な事柄について話し手が意見を述べる場合に用いられる。特に相手の行為について「～べき」と述べる場合は、忠告や勧め、禁止、命令などになる。否定形は「～べきではない」で「～するのは正しくない」「～してはいけない」の意味になる。「べき」は常識的な判断を述べる表現で、規則や法律で決まっていることを言う場合には「なければならない」「てはいけない」を用いる。

「べきだった／べきではなかった」は、過去の事柄について「実際に～しなかったが、しておけばよかった」「実際に～したが、しなければよかった」と話し手が残念に思う場合に使う。自分自身のことについて述べる場合は、特に後悔や反省の気持ちを表す。

7. いかにも～そうだ

接続の形：			
	いかにも	ナ形 イ形 V[~~ます~~]	そうだ

実際はどうかわからないが、「見たところ／聞いたところ、とても～と思える」という意味。「いかにも」によって「～そうだ」の意味が強められている。「彼はいかにもお金がありそうだ」のように状態を表す動詞を伴うこともある。

似た表現に「さも」がある。「さも～ そうにV／というようにV」などの形で用いられ、「いかにも」と同じく「～そうだ／らしい」の意味を強める表現。

他にも似た表現として「まるで」「あたかも」があるが、「～ようだ／みたいだ／かのようだ」とともに使われ、ある状態を何かに例える表現である。何か他のものに例える場合、「いかにも」は使えない。

例）○まるで空を飛んでいるような気分だ。
　　○あたかも空を飛んでいるような気分だ。
　　×いかにも空を飛んでいるような気分だ。

8. ～という

接続の形： ［普通形］ という

他から聞いたことを客観的に伝える表現で、解説文などで使われることが多い。この用法の場合、「という」を「といった」「といわない」などの形に変えることはできない。伝聞表現には他に「～(だ)そうだ」や「～(の)ようだ」があるが、これらは話し言葉でも使用され、他から得た情報を話し手の視点から伝えるという点で「という」と異なる。

9. ～つつ

接続の形： V［~~ます~~］ つつ

同一の行為者が、一つの行為を行いながら、同時にもう一つの行為を行うことを表す。

例）人間関係に配慮しつつ、人事異動を行った。

相反する二つの行為を表す場合もある。

例）伝統ある商品を売るためには、その伝統を守りつつ、新しいものを取り入れなければならない。

「～知りつつ(も)／思いつつ(も)／気になりつつ(も)」などの形では、「～知っている(いた)けれど／のに～」という意味を表す。

例）違法と知りつつ、ダウンロードしてしまった。

「つつ」は「ながら」とほぼ同じ意味だが、「ながら」に比べ、堅い表現。

10. ～かける／～かけのN

接続の形：	V［~~ます~~］	かける かけのN

ある動作や物事が始まる直前を表す場合は、「～かけた／～かけていた／～かけている」の形で用いられる。

例）つまずいて、転びかけた。(実際は転ばなかった)

ある動作や物事が始まったが、終わらないで、それが途中になっていることを表す場合は、

「～かけている／～かけのN／～かけだ」の形で用いられる。

例）この時計は壊れかけている。（完全に壊れてしまったわけではないが、少し壊れている）
飲みかけのジュースの缶が冷蔵庫に入っていた。
このジュースは飲みかけだ。

混同しやすい表現に「V[~~ます~~]たて」があるが、これは「Vしたばかり」の意味である。「塗りかけのペンキ」は、ペンキ塗りが途中だという意味だが、「塗りたてのペンキ」は、塗ったばかりだという意味。

11. ～に…を 感じさせられる／考えさせられる

接続の形：	N [普通形]こと ただし　Nである／の ナ形[で]ある／[な]	に	N [普通形]こと	を　感じさせられる

「AにBをX」の形で、Xに「感じる／考える」などの思考動詞の使役受身形を用い、「AによってBという気持ちや考えになる」ことを表す。また「AにX」の形で、Xには「驚く／ほっとする／失望する」などの心情・気持ちの動きを表す動詞の使役受身形を用い、Aによって気持ちが動いたことを表す。使役受身形を用いることで、自発的ではなく、強制的にそのような気持ちにさせられるというニュアンスが加わる。

「考えさせられる」の場合は、「～に～を」の代わりに「～について」という表現もよく使われる。

例）この映画を見て、家族の絆について考えさせられた。

12. さらには

その上に、加えて、という意味。「X、さらにはY」の形で、XとYには名詞や節がくる。

例）家族、友人、さらには上司にまで知られてしまった。
この胃薬は痛みを和らげ、さらには消化を助ける。

よく似た表現に「さらに」があるが、これは、同じことが重なること、また、今より程度が進むことを表す表現。数量とともに使うときは、「その上に」という意味になる。

例）資料を調べてみると、20年前の支出額が明らかになった。さらに調べてみると、その内訳もわかった。
このダムの建設は3年前に始まったが、完成までにはさらに2年必要だろう。

ユニット6　働くということ

1. つまり

「X、つまりY」の形で、Xを受けて、それを同じ意味の別の語句や表現(Y)で言い換える用法。「すなわち」に近いが、「つまり」のほうが話し言葉的である。

また、文頭に置かれ、最終的な結論を述べる場合にも用いられる。この場合は、「結局」や「要するに」で言い換えられることが多い。

例）「つまり、私が言いたいのは早急に対処してほしいということなんです」

2. 結果として

ある事態の原因や経緯を述べた後で、それに対する結果を述べるときに使う表現。「X。結果としてY」「Xだけれども、結果としてY」「Xであることが、結果としてY」などの形で用いられる。Yは意図した結果ではない、というニュアンスが加わることが多い。

例）彼は職場の人間関係に悩み続けたが、結果として、それは彼を大きく成長させた。
　　コーチの指示どおり練習してきたことが、結果として優勝につながった。

3. ～につれ（て）

接続の形：	N V［辞書形］	につれ（て）

「Xにつれ（て）Y」の形で、ある物事が進むと、もう一方の物事も同時並行的に進むことを意味する。Xには物事が進んだり変化したりする内容が、YにはXで述べられた事態に伴って起こる変化を表す事柄がくる。書き言葉的な表現。

⇨ユニット8－5「～に従って」

4. ～末に

接続の形：	Nの V［た］	末に

「ある過程をたどったあとで、最後に」の意味で使われることが多い。書き言葉的表現。「よく」「何度も」「繰り返し」「長時間」などの表現とともに使われることが多い。

例）よく話し合った末に決めた。

5. ～からこそ／～てこそ

接続の形：	［普通形］から V［て］	こそ

あることを特に強調する表現で、それを取り立てて強調したいという話し手の強い気持ちを表す。他の理由ではなくこれこそが本当の原因・理由だという意味で、後ろに続く説明を成立させるのに十分な理由を示す場合に用いる。普通では理由になりにくいものを取り上げて、「真の理由」を強調したいときに用いられることも多い。

例）友達だからこそ、手伝わなかった。

「V［て］こそ」は、「Xてこそ、Y」の形で、Yを満たす条件をXで述べる表現である。この場合、「～て初めて」の意味になる。Ｙには可能表現や「わかる」がくることが多い。

例）子供を育ててこそ、親の気持ちがわかる。

6. ～として

「～の資格で」「～の立場で」「～の名目で」と言いたいときに用いる。

例）留学生代表として、スピーチをした。

「ＸとしてのＹ」の形は、Ｘという資格・立場の者が持っているＹ、という意味。

例）彼には社長としての資質がない。

親としての自覚が生まれる。

丁寧な話し言葉では「～といたしまして」が使われる。

7. ここ＋期間

「ここ２週間」「ここしばらく」「ここ５年」というように、話している現在からさかのぼった一定の期間、または現在から未来にかけての一定の期間をさす表現。話し手にとって比較的最近の未来または過去の期間を表している。「そこ／あそこ／どこ」はこのような「時の表現」としては使えない。類義表現に「この＋期間」がある。

8. ～なんか

接続の形： N　なんか

名詞、あるいは名詞句を受けて、それは大したことではないと軽視したり、くだらないことだと軽蔑したりする気持ちを込める表現。

例）「あんな無責任な人のことなんか、心配しなくてもいいよ」

自分に関する場合は「謙遜」になる。

例）「そんな難しい仕事、僕なんかにできるかなあ」

また、例を挙げたり、提案したりするときに、話し言葉的表現として会話で使われることも多い。この場合、軽蔑や謙遜の意味はなくなる。この場合の類義語として「など」「なんて」がある。

例）「海に行ったら、サーフィンとか、ダイビングなんかよくするよ」

「今度の社員旅行、九州なんかどうですか」

9. いかに～か

接続の形：　いかに　［普通形］　か
ただし　N（である）か
ナ形（［で］ある）か

「いかにＸか」は、表される内容が非常にＸである、普通の程度ではないという気持ちを表し、後ろに「わかる／知る」などの動詞をとることが多い。「その仕事がいかに難しいかは実際にやってみなければわからない」のように、「いかに〜か」の内容が主題になることもできる。話し言葉では「どんなに〜か」「どのくらい〜か」をよく用いる。

10. なぜなら（ば）〜からだ

接続の形：	なぜなら（ば）［普通形］からだ

前に述べられたある事態や出来事について、その原因や理由、事情を明確に述べるときに使う、書き言葉的表現。「ば」を省略した「なぜなら」もある。会話では、「なぜかというと／なぜかといえば 〜からだ」が使われることが多い。

ユニット 7 日本語の多様性

1. 〜がち

接続の形：	N V［~~ます~~］	がち

動詞に接続した場合は、無意識のうちにそうしてしまう、そういう状態になる傾向がある、ということを表し、名詞に接続した場合は、そういう状態が多い、そういう性質が強い、ということを表す。例えば「病気がちだ」は「病気であることが多い」という意味。主によくない事態に対して用いられる。

例）○ありがちな失敗だ。
×ありがちな成功だ。

「がち」と共に使用される名詞は、「遠慮／病気／留守／休み」など、一部の名詞に限られている。

2. 〜による

接続の形：	N ［普通形］かどうか 疑問詞＋［普通形］か ただし　N（である）か ナ形（［で］ある）か	は	N ［普通形］かどうか 疑問詞＋［普通形］か ただし　N（である）か ナ形（［で］ある）か	による

「XはYによる」の形で、YがXを決定する条件となることを表す。「〜かどうか」は「〜か〜ないか」となることもある。

例）この調査をするかしないかは、どれくらい予算があるかによる。

「による」は「によって」の形で使われる場合もある。

例）この農薬がどれくらい危険（である）かは、使う回数によって決まる。

3. XもあればYもある／XもいればYもいる

接続の形：				
	N	も あれば／いれば	N	も ある／いる
	ナ形[な] こと		ナ形[な] こと	
	イ形[い] こと		イ形[い] こと	
	V[辞書形] こと		V[辞書形] こと	

あることについて、いろいろな場合があることを表す。「上がること／下がること」「元気な人／そうじゃない人」など、対照的な事柄や人、ものを並べることが多い。

4. それに対して／～のに対して

接続の形：		
	[普通形]	のに対して
	ただし　N である／な	
	ナ形 [で] ある／[な]	

「Xのに対してY」の形で、XとYの二つの事柄の対比を表す。「X。それ／これに対してY」の形も同じ意味である。

「に対して」には他に「Nに対して」「[普通形] ことに対して」の形で「対象」を表す用法がある。

例）校舎を建て替えることに対して多くの反対意見が出た。

5. ～(か) が問題ではなく、～(か) が重要だ

接続の形：				
	N	が～ではなく、	N	が～
	[普通形] かどうか		[普通形] かどうか	
	疑問詞＋[普通形] か		疑問詞＋[普通形] か	
	ただし　N (である) か		ただし N (である) か	
	ナ形 ([で] ある) か		ナ形 ([で] ある) か	

「AがXではなく、BがY」の形で、X、Yに「重要／大切／問題」などの語を用いて、大切なことはAではなくBである、と言いたいときに用いる。A、Bには名詞だけでなく、「疑問詞＋か」「～かどうか」の文がくることもある。

また、「AではなくBがX」の形も同様の意味を表す。

例）私にとって旅行は、どこへ行くかではなく、誰と行くかが大切だ。

6. ～ざるを得ない

接続の形：		
	V[~~ない~~]	ざるを得ない
	ただし「する」の場合、　せ	

「しかたなく～する」「不本意だが～しなければならない」という意味を表す書き言葉的表現。類義表現として「Vないわけにはいかない」がある。似た表現に「～なければならない」があるが、「～ざるを得ない」には、事情や成り行き、常識上の理由から避けられない、「意志に反して／やむを得ず」というニュアンスがある。

「そう判断するしかない」という意味の「～と言わざるを得ない／考えざるを得ない」という表現は、評論などでよく用いられる。

例）20年前の判断は間違っていたと言わざるを得ない。

また、「わかる／できる／疲れる／見える」のような無意志動詞や可能形の動詞とともには使えない。

例）×長時間の労働で疲れざるを得なかった。

ユニット 8 環境のためにできること

1. ～とすれば

接続の形： ［普通形］ とすれば

「現在は～という状況にはないが、仮にそれが事実だと考えれば／それが実現するような場合は」という意味を表す。「仮に／もし／万が一」とともに使われることもある。後ろには、「～だろう」などの判断の表現がくる。実現が当然な場合や確定している場合には使えない。

例）×春になるとすれば、桜が咲く。

〇春になれば、桜が咲く。

この「XとすればY」はXを話題として取り上げるときに使われるので、「なら」と置き換え可能である。

例）科学技術が今の何倍もの速さで	進んだとすれば、 進んだなら、	週末の月旅行も可能になるだろう。

類義語に「～とすると」「～としたら」がある。

⇨ユニット1－6「例えば～とする」

2. ～にとどまる

接続の形：	N V［辞書形］	にとどまる

ある範囲（時間や場所）に収まって、それ以上ではないことを示す書き言葉的な表現。否定の形の「～にとどまらず」が「～だけではなく～も」という意味があることから、逆に「～にとどまる」は「範囲を超えるかもしれないという予想に反し、変化が起こらなかった」というニュアンスが含まれている。Nには「10%」「250人」などの数字が入ることも多い。

3. ～割に

接続の形：		
［普通形］		割に
ただし	ナ形［な］	
	N の／である	

　ある状況・事態から常識的に予想される基準と比較すれば、という意味。プラス評価でもマイナス評価でも使われるが、基準どおりではないときに使う。堅い文にはあまり使わない。
　類似表現に「～にしては」があるが、より堅い表現。

例）彼は、高校生	の割に（は） にしては	しっかりとした考えを持っている。

　また、「値段／年齢／内容」など、程度が限定されていない言葉の場合には、「～にしては」は使えない。

例）年齢	○の割に（は） ×にしては	若く見える。
値段	○の割に（は） ×にしては	使い勝手がいい。

4. ～に従って

接続の形：	V［辞書形］	に従って

　「Xに従ってY」の形で、Xの状態が変化すると、それに連動してYも変化することを表す。Xには物事が進んだり変化したりする内容がくる。そして後ろのYには、Xで述べられた事態に伴って起こる変化を表す事柄がくる。

例）町の中心に行くに従って、土地の値段が	○高くなる。 ×高い。

　類義表現に「～に伴って」「～につれて」「～とともに」がある。
⇨ユニット6－3「～につれ（て）」

5. A（が）、逆にB

　AとBは反対の意味の事柄で、AとBが異なっていることを対照的に述べる表現。類義表現に「一方」「反対に」がある。
⇨ユニット8－6「～一方（で）」

6. ～一方（で）

接続の形：		
	ナ形［で］ある／［な］ イ形［い］ V［辞書形］	一方（で）

「X一方でY」の形で、「XとYを並行して行う」「X、Y2つの状態が同時に存在する」という意味を表す。XとYは反対のこと、矛盾することがくることも多い。

例）小麦が値上がりしている一方で、牛肉の値段が暴落している。

ある事柄に2つの面があると言いたいときにも用いる。

例）田舎暮らしは、ストレスが少なくて気楽な一方、交通の便など不便なことも多い。

⇨ユニット8－5「A（が）、逆にB」

7. ～に 限られる／限る

接続の形：		
	N	に 限られる／限る
	ナ形［な］／［で］はない　の	
	イ形［い］／［く］ない　の	
	V［普通形］（の）	

空間的・時間的・抽象的な範囲を限定し「～だけだ」という意味を表す。「～に限る」や「～に限らず」の形でもよく使われる。

例）経験者に限る。（アルバイトの募集）

ここは観光シーズンに限らず一年中観光客が大勢訪れる。

また「～に限る」から派生した用法として、ある条件や状況の中で「～が一番いい」という意味で使われることもある。

例）病気のときは寝るに限る。（＝病気のときは寝るのが一番いい。）

ユニット 9 食の共同性

1. ～ほど……は ない／いない

接続の形：		
	N	ほど　～は ない／いない
	V［辞書形］／［ない］　こと	

「～ほど」で示されたことが一番であることを表す。「他に並ぶものがない」「～は一番だ」と、話し手が主観を述べるときに用いる。

例）肉親を失うことほど辛いことはない。

「～ほどのNはない／いない」の形でも同じ意味を表す。

例）あなたほどの天才はいない。

2. ～を通して

接続の形：		
	N	を通して
	V［辞書形］こと	

あることを仲立ちや手段にすることを表す。「Aを通して」で、Aは情報伝達や行為を媒介するものであることを表す。名詞を修飾する場合は「～を通してのN」「～を通したN」になる。ほぼ同義の表現に「Aを通じて」があるが、「通じて」のほうが媒介とするAを積極的に使っているというニュアンスが加わる。

また「～を通して」は「窓を通して美しい町が見える」のように単なる通過点を表すこともある。この場合「～を通じて」は使えない。

類義表現に「～によって」があるが、これは手段そのものを示す表現である。

例）田中さん ｜○を通して／○を通じて／？によって｜ 木村さんと知り合いになった。

社員の20％を削減すること ｜×を通して／×を通じて／○によって｜ 倒産を防いだ。

インターネット ｜○を通して／○を通じて／○によって｜ 取引をする。

3. ～(が) ゆえに

接続の形：	［普通形］ ただし　ナ形［で］ある Nである	(が) ゆえに

それが原因で／理由で、という意味を表す書き言葉。

例）有名であるがゆえに、不自由なことも多い。

「ナ形＋ゆえに」「N＋ゆえに」の形もある。

例）有名／女性 ゆえに、不自由なことも多い。

4. しかも

「～だけでなく、そのうえ」という意味の接続詞。前後の内容はどちらもプラスイメージ、あるいは、どちらもマイナスイメージでなければならない。

動詞／形容詞のて形、あるいは連用中止形に接続する場合もある。

例）頭がよくて、しかも親切だ。

波が高く、しかも強風が吹いていた。

5. ～に向けて

接続の形：　N　に向けて

「Xに向けて、Y」の形で、「Xを目指して／Xのために、Y」という意味を表す。Xには出来事を表す名詞が、Yには行為を表す表現がくる。

例）○全国大会に向けて、毎日練習を続けている。
×全国大会に向けて、緊張している。
Xがある行為の対象を表す場合もある
例）保護者に向けて、学校給食の安全性についての説明が行われた。

ユニット 10 笑いのちから

1. ～をはじめとするN／～をはじめとして

代表的なもの、中心的なものを例として示し、「そのグループの他のものもみんな」という意味で用いる。「～をはじめ～など」の形もよく用いられる。例は1つのことが多いが、2、3の例を続けて言うこともできる。
例）この大型スーパーは東京、大阪をはじめ、名古屋、福岡など、多くの大都市に店を構える。

2. いまだ

後ろに肯定表現を伴う場合、今でも変化がなく以前と同じ状態が続いていることを表す。その場合「いまだに」がよく使われ、類義表現には「今でも」「まだ」がある。
例）40年も前のことだが、いまだにはっきりと覚えている。
後ろに否定表現を伴う場合は、本来ならあることが起こっていたり、ある状態になっていたりするはずなのに、まだ起こっていない、という意味を表す。「まだ」よりも意外な気持ちを強く表す書き言葉的表現。
例）40年も前のことだが、いまだ忘れられない。

3. ～にて

接続の形： N（場所） にて

出来事が行われる場所を表す助詞「で」の書き言葉的・儀礼的な表現。「これにて」や「当方にて」などの慣用的表現にも用いられる。同義語に「～において」もある。
例）授賞式はコンサートホール にて／において 行われた。
まれに、出来事が行われる時を表すこともある。
例）20時にて受付を終了いたしました。

4. ～を込める／～が込められる

接続の形： N を込める／が込められる

Nには「心／願い／気持ち／力」など、抽象的な名詞が使われることが多い。名詞を修飾す

る場合は「～を込めたN」「～が込められたN」が一般的に用いられ、「～を込めているN」「～が込められているN」の形はほとんど用いられない。

例）願いが ｜○込められた／？込められている｜ 千羽鶴が飾ってある。

5. ～ねば

接続の形：	
V[~~ない~~] イ形[く]あら ナ形[で]あら Nであら	ねば

「～なければ」の書き言葉的な表現。「XねばY」で、「Xでなければ／Xをしなければ、Yになる」という意味を表す。

例）このゲームに勝たねば、二次リーグに落ちてしまう。

「～ねばならない。」は「～なければならない」という意味を表し、「～ねば。」と短く言う形もある。

例）何とかせねばならない。（＝何とかしなければならない。）

何とかせねば。

動詞「する」の場合は、「しねば」ではなく「せねば」となる。

参考文献

『日本語文型辞典』グループ・ジャマシイ編（くろしお出版）
『中上級を教える人のための日本語文法ハンドブック』白川博之監修／庵功雄ほか著（スリーエーネットワーク）
『どんな時どう使う　日本語表現文型500』友松悦子ほか著（アルク）

Authentic Japanese: Progressing from Intermediate to Advanced [New Edition]

生きた素材で学ぶ
新・中級から上級への日本語

©2012 by Osamu Kamada, Fusako Beuckmann, Yoshiko Tomiyama and Machiko Yamamoto.
All rights reserved.

Printed in Japan

Authentic Japanese:
Progressing from
Intermediate to Advanced
[New Edition]

鎌田 修 Osamu Kamada
ボイクマン総子 Fusako Beuckmann
冨山佳子 Yoshiko Tomiyama
山本真知子 Machiko Yamamoto
[著]

本書は、『生きた素材で学ぶ 新・中級から上級への日本語』（CD付き：ISBN978-4-7890-1462-5）の音声ダウンロード版です。教材の内容や音声に変更はありません。

音声は以下の方法でダウンロードできます（無料）。

・右のコードを読み取って、ジャパンタイムズ出版の音声アプリ「OTO Navi」をスマートフォンやタブレットにインストールし、音声をダウンロードしてください。
・パソコンの場合は、以下のURLからMP3ファイルをダウンロードしてください。
https://bookclub.japantimes.co.jp/jp/book/b309609.html

Copyright © 2025 by Osamu Kamada, Fusako Beuckmann, Yoshiko Tomiyama and Machiko Yamamoto

All rights reserved. No part of this publication may be reproduced, stored in a retrieval system, or transmitted in any form or by any means, electronic, mechanical, photocopying, recording, or otherwise, without the prior written permission of the publisher.

First edition: May 2025

English proofreading: Jon McGovern
Layout design: DEP, Inc.
Typesetting: Soju Co., Ltd.
Illustrations: Shizuo Okuda
Cover design: Yamaoka Design Office
Printing: Kosaido next Co., Ltd.

Published by The Japan Times Publishing, Ltd.
2F Ichibancho Daini TG Bldg., 2-2 Ichibancho, Chiyoda-ku, Tokyo 102-0082, Japan
Website: https://jtpublishing.co.jp/

ISBN978-4-7890-1923-1

Printed in Japan

目次

この本をお使いになる方へ

私たちは1998年に『生きた素材による中級から上級への日本語』を世に出し、幸い多くの日本語学習者、日本語教師の皆様から好評を得ることができました。しかし、それから15年近くの年月を経て、世の中も大きな変化を遂げ、「生きた」素材にもどうしても時代遅れの感が否めなくなったことから、ここにその内容を一新することになりました。しかし、ただ単に新しい時代を反映した生の教材というのではなく、上級レベルを目指す日本語学習者が自ずと取り組んでみたくなるような、そして、また、少しでも彼らの日本語能力の向上につながるような「生き生きとした素材」を提供することを、これまで以上に大切な努力目標としました。

また、学習作業を円滑に進める「読む前に」「読んでみよう」「読んだあとで」という構成はそのまま維持し、それに続く「重要表現」「文法・語彙練習」で扱う話題、例文などをそのユニットのテーマに直結させることを強化しました。そうすることで、当該のユニットに、より強固な統合性（インテグレティ）が生まれるからです。さらに、ユニット全体の流れを、大まかではありますが、やさしいテーマから難しいテーマへという構成に持っていったことも改善点の一つです。

このような刷新を試みた結果、本書は改訂版というより、新たな中級から上級への日本語学習教材と呼ぶべきものとなりました。しかし、その使用法については旧版を使い慣れた方々にさらなる努力を要求するものではありません。したがって、次に述べる「使用法」は旧版と基本的に変わりませんが、とはいえ、あえて、本書を初めて使用してくださる方、また、旧版からこの新版に移ってくださる方たちのために、よりわかりやすく書き改めました。参考にしていただければ幸いです。

※旧版のうち、この改訂版でも使用した読解素材は、ユニット1の「読んだあとで」とユニット5の「読んでみよう」（健康病が心身をむしばむ）です。

1 この教科書の対象レベルと目標

本書は中級レベルの日本語学習者を対象とし、その能力を上級レベルに引き上げることを目標としています。何をもって「中級」と呼び、また、「上級」と呼ぶか、たいていの教科書にはその記述がありませんが、ここでは外国語によるコミュニケーション能力（あるいは「プロフィシェンシー」）という観点から、それらを次のように捉えています。

「中級」：日々繰り返される日常的でパターン化した言語活動を文レベルの発話で表現あるいは理解できるが、文を超えた談話レベルの発話の表現や理解ができず、パターンから外れた場面での複雑なコミュニケーションには困難をきたすレベル。

「上級」：パターンから外れ、非日常的な場面における複雑なコミュニケーションが行える。つまり、予期していないコミュニケーション場面に遭遇し、そこで必要とされる事象の「説明・理由づけ」「記述」「報告」「意見表明」など、談話レベルの言語活動を表現あるいは理解できるレベル。

例えば、ユニット1「自己紹介と本当の自分」の場合、名前、所属など自分に関する基本情報を伝える日常的な「自己紹介」をこなすことは中級レベルで問題なくできるでしょうが、それをさらに一歩進め、初めて会った人にどこまで自分のことを話すのか、いわゆる、自己開示の範囲はどこまでなのかを考えて話すこと（あるいは、話さないこと）は上級レベルのタスクと言えるでしょう。そのためには、聞き手との社会的関係に注意を払い、それにふさわしい談話構成能力（文を超えたまとまりのある発話を産出する能力）が要求されることになります。それをここでは「上級」能力と考えるわけです。この教科書はそのような設定のもとに「中級」の能力を「上級」に引き上げることを目的に、総合的な日本語能力が養えるように作成しました。

2 この教科書の特徴

この教科書は日本語の能力を「中級」から「上級」へと引き上げることを目的にしていますが、この段階に必要な教材の条件とは、学習者が自ずと取り組みたくなるような題材で、また、難易度がその学習者の能力よりも少し高めで、かつ、自然な日本語で書かれていることでしょう。そのため、本書では、次の3つの点に留意して教科書の作成を行いました。

(1) 中級レベルの日本語学習者が、日本にいれば**経験する可能性が高く**、また、彼ら自身**経験してみたくなるような**言語活動をテーマにする。
(2) 学習者用に手を加えられたものではない、**オーセンティック**な、つまり、生のエッセイや説明文、記事、アンケート調査から材料を揃える。
(3) 内容、語彙、漢字などの難易度が**中級から上級へ**と向かうものであること。より具体的には、日本語能力試験のN2～N1をターゲットにする。

例えば、ユニット2「若者の自己評価」は日米の学生のコミュニケーションスタイルを比較研究したものです。このようなテーマは、文化社会学や心理学的要素を持つため、日本語学習者用に書き下ろしたようなものでは対応できません。したがって必然的に、日本人向けに書かれた、また、抽象度の高い表現や語彙からなる生のものである必要が出てきます。

「中級」レベルで処理できる単純なものではなく、「上級」能力を必要とする、一段上へとひねりの入ったテーマ設定。日本語によるインタラクションをより多く必要とする課題の提供。そして、そこに、単に「自然な生の材料」というのではなく、日本語学習者のレベルより少し高めで、彼らの知的好奇心に十分応える、生きた日本語素材の使用。グラフやイラストなどいわゆる周辺的な言語素材と言われているものを多く導入したのも、決してそれらが「周辺的」なものではなく、母語話者がそうであるように、コンテクストから得られる情報をしっかり掴み取り、それらを総合的に利用してテキストを理解する能力を高めてほしいからです。このような「生きた日本語」へのこだわりを、この教科書全体に染み込ませています。

3 この教科書の構成と課題

本書に収められている各ユニットは次のような構成になっています。

- 「読む前に」
- 「読んでみよう」
  →「内容を確認しよう」「意見を述べよう」
- 「読んだあとで」
- 「重要表現」
- 「文法・語彙練習」

各ユニット以外には以下のものがあります。

巻末：文法・語彙練習解答、重要表現さくいん、単語さくいん
別冊：単語リスト、重要表現解説
音声：「読んでみよう」「重要表現例文」の音声

以下に各ユニットの学習活動を示し、合わせておおよその指導法を紹介します。なお、学習者のニーズ等に応じてユニットの提出順序を変えることは問題ありませんが、どのユニットであれ、1つのユニットは次の順序で指導していくことが望ましいでしょう。

読む前に

新しいユニットに取りかかる前のウォームアップです。新しい言語環境に慣れ親しむためにその周辺的なものの理解を促す、アドバンスト・オーガナイザーと呼ばれる作用を果たしています。また、これから学習するテーマに取り組ませる動機づけの役割も持っています。

教室における授業では、学生同士で話し合う、会話・討論形式で行うことが望ましいでしょう。ここでの活動は次に続く「読んでみよう」のテーマと関係があり、それにつなげる準備作業と言えます。おおよそ30～40分程度で終了すると思われます。

読んでみよう

各ユニットの主作業にあたります。まず、学生にざっと読ませて大意をとる練習をし、それから、細部の理解に入るとよいでしょう。その際、本文のあとにある「内容を確認しよう」の質問事項を最初に読んでおき、それに答えるような形をとるのも一つの方法です。すでに「読む前に」で準備が整っていれば、直接この「読んでみよう」の活動に入るのもよいでしょう。ただ、ここで行われる読解作業を翻訳的な文法学習にするのは望ましくありません。最初にスキミング、それからスキャニング、という活動を60分程度で行うことを勧めます。

読んだあとで

「読んでみよう」で学習したことを応用、発展させる活動です。ここでは、ユニットのテーマと関連した、しかし「読んでみよう」とは異なる視点からの速読教材や資料を学習し、テーマへの理解をさらに深めます。ユニットによって課題は異なりますが、クラスで話し合い、それを書いてまとめる、あるいは、教室の外に出て他の人たちの意見調査を行うなどの、プロジェクトワーク的な広がりのある作業を、学生に主導権を与えて進めていただければと思います。90分授業2回程度をめどに行うとよいでしょう。

「重要表現」と「文法・語彙練習」はともに、各ユニットに関連したテーマのもとに、表現力や文法・語彙力を定着させ、さらに伸ばしていくことを目的に作ってあります。重要表現は、「読んでみよう」のテキストを中心に取り上げ、それぞれに2つの例文と2つの例文作成課題を付けました。「文法・語彙練習」には、そのユニットで学習した語彙や表現につ

いて10程度の練習問題を設けました。ユニットによって数に多少のばらつきがあり、また、「重要表現」「文法・語彙練習」をどれくらい宿題にするかによって必要時間は異なりますが、90～120分程度で終了できるのではないかと思います。

以上がおおよその授業の進め方です。一つのユニットにかけるべき時間は教育機関によっても異なりますが、時間をかけすぎても学習効果は上がりません。目安としては1ユニット1.5～2週間程度がいいのではないでしょうか。そして、各ユニット、あるいは、2つのユニット終了後をめどに、テストを行うのもいいでしょう。

上述のように全体の流れは、まず「読む前に」で会話活動などを通したウォームアップ的導入を行ってから、「読んでみよう」に入ります。「読んでみよう」では、まず大まかな話の流れを掴み、さらに細部の理解を試みて、内容が理解できたことを確認後、それについてどう思うかという、能力レベルを一歩突き上げる課題「意見を述べよう」を行います。そして「読んだあとで」においてさまざまな発展問題に取り組みます。

このように「読む前に」「読んでみよう」「読んだあとで」は、いわば走り幅跳びの**ホップ、ステップ、ジャンプ**という活動です。そして、本書ではこれを繰り返し、**能力をスパイラル(螺旋的)に向上させる**ことを試みます。また、これらは主に書かれた日本語を媒介にしてはいますが、実際の教授活動では、話す、聞く、読む、書く、を統合させた活動になるよう課題の設定がなされています。

別冊について

別冊には、「単語リスト」と「重要表現解説」を収録しました。「単語リスト」は、難解と思われる表現や各ユニットの内容に関連した重要語彙などをリストアップしたものですが、あえて英語などの訳を付けていません。それは、このレベルの学習者の場合、学習者自身でそれぞれの母語やあるいは日本語による説明を模索するほうが効果的だと考えられるからです。語彙は多ければ多いに超したことはなく、定期的に（例えば、各ユニットに4回程度）語彙テストを行うのもよいでしょう。また、「重要表現解説」には、各ユニットの「重要表現」で取り上げたすべての重要表現について文法解説を加えました。指導上の参考にしていただければ幸いです。

各ユニットの流れ

……「読んでみよう」に関連した材料を使ったウォームアップ作業。
本文に入る前の動機づけ。

……本文をざっと読み、内容を理解する。

内容を確認しよう ……ここの質問事項にまず目を通しておくと効果的。

意見を述べよう ……詳しい読解作業を終えてからでもよい。

読んだあとで

……ディスカッション、レポート、教室外活動などの発展学習。

詳しい読解作業　重｜要｜表｜現　文｜法・語｜彙｜練｜習

ユニット

1

自己紹介と本当の自分

読む前に

1 **あなたは初めて会った人に対して、以下のa～fのような行動を取りますか。あなたが取ると思うものを選んでください。また、日本ではどうだと思いますか。**

a. ウインクをする　　b. 握手をする　　c. 軽く頬にキスをする

d. お辞儀(じぎ)をする　　e. 抱き合う　　f. 両手を合わせて拝むようにする

2 **初めて会った人に、以下のことを話しますか。また、このようなことを話すことに、あなたは抵抗を感じますか。**

a. 必ず自分の名前を伝え、相手の名前も尋ねる

b. 自分の年齢を伝え、相手の年齢も尋ねる

c. 自分が結婚しているか、いないかを言い、相手にもそれを尋ねる

d. 自分の住所、職業（学生、会社員等）や親の職業などの個人的な情報を伝え、相手からも同じような情報を得る

e. その他（出身地、出身校、年収等）

3 **次の言葉は、人の性格を表す言葉です。それぞれ、いいイメージか悪いイメージか、どちらのイメージを表していると思いますか。**

おとなしい	世話好き	寂しがり屋	おせっかい
粘り強い	さっぱりした	あきっぽい	内気
楽天的	気が小さい	照(て)れ屋	せっかち
社交的	のんびりした	おおらか	積極的
素直	人見知りする	怒りっぽい	明るい
悲観的	けち	頑固	恥ずかしがり屋

4 **3の言葉を使って、自分の性格について話してみましょう。**

5 **次の文章は、「読んでみよう」と同じ本からの文章です。「自己紹介」で触れてよいことと触れてはいけないことは何かについて問い掛けています。文章を読んで、下の質問に答えてください。**

　ある国に住んでいたとき、パーティーの席で初対面の人から「いくら給料もらっているの？」と聞かれて戸惑ったことがありました。日本では、よほど親しくないと、そのようなことは聞きませんから。でも、その社会では、初対面の人にこのような質問をすることは失礼なことでも何でもなかったのです。

　あなたは、初対面の人と出会ったとき、あなた自身をどのように自己紹介しますか。人からあなた自身についてあまり聞かれたくないことを聞かれて傷ついたことはありますか。また、あなた自身が相手を傷つけてしまったことはありますか。

（アルク刊『多文化共生のコミュニケーション』徳井厚子著［一部改］）

自己紹介の場面で、驚いた経験はありますか。あるいは、あまり聞かれたくないことを聞かれて、傷ついたり戸惑ったりしたことがありますか。

自分とは何だろう

本当の自分は？

あなたは、「自分ってどんな人？」と聞かれたらどのように答えるでしょうか。「おとなしい」「世話好き」「話すのが好き」「寂しがりや」などいろいろ出てくるでしょう。でも、このように思っている自分の姿は本当に自分の姿でしょうか。友人と付き合っていて、「あなたってけっこう積極的ね」などと、それまでそう思っていなかったようなことを言われて、はっとしたことはないでしょうか。また、自分は知っているけれど、ほかの人にはあまり見せたくない部分もあるのではないでしょうか[1]。特に初対面の人の前では、自分のことをいろいろと話すのはちょっと……、と思っている人も多いでしょう。また、初対面なのに自分のいろんなことを話したりする人に会って、「この人は、ちょっと自分のことしゃべりすぎ」と思った経験はないでしょうか。

あなたは、初対面の人に、まず自分のどんな部分を紹介しますか。年齢？ 職業？ 趣味？ 家族？ あなたがほかの人に「オープンにできる自分」と「できない自分」はありますか。

自分の態度や意見、趣味、仕事、パーソナリティーなど、自分自身のいろいろなことについて他人に打ち明けることを[2]「自己開示」といいます。

米国人留学生と日本人学生でディスカッションしたときのこと。「この中で恋人がいる人は？」という米国人学生の問い掛けに、米国人学生はほとんどが即座に手を挙げたのですが、日本人学生は恥ずかしそうに下を向くばかりで[3]、だれも手を挙げません。「えっ、どうして？ 恋人がいないの？」という問い掛けにも、曖昧(あいまい)に笑うだけです。「どんなふうにデートをするのか聞きたいのに、ディスカッションできない」と米国人学生はストレスがたまってしまったようでした。クラスでのディスカッションの場で「恋人がいるかいないか」について、相手にオープンにできるかできないかが異なっていたのです。

ジョハリの窓

ここで、「ジョハリの窓」を紹介したいと思います。ジョハリの窓とは、ラフトとインガム（Luft, Joseph & Ingham, Harrington 1955）によって提案されたもので、二人のファーストネームを組み合わせた名前になっています。

	自分は知っている	自分は知らない
他人に知られている	①	②
他人に知られていない	③	④

図１：ジョハリの窓（バーンランド1979）*

上の図を見てください。「田」の字に似ていますね。まず、自分自身が知っている部分と知らない部分を縦軸にします。そして、自分自身の中で他人に知られている部分と他人に知られていない部分を横軸にします。すると、このように４つの部分に区切られます。区切られた部分は、それぞれ、①自分も知っていて、他人にも知られているオープンな部分、②自分では知らないが、他人には知られている部分、③自分では知っているが、他人には知られていない部分、④自分にも他人にも知られていない部分、になります。このように見てみると[4]、①の、自分にも他人にも知られている部分が大きければ大きいほど[5]、自己開示が大きいことになります。もしも、コミュニケーションしているＡさんとＢさんの窓の大きさが違う場合、どうなるでしょうか。例えば[6]ＡさんはＢさんに比べて①の窓が大きいとしましょう。この場合、ＢさんはＡさんのことを「何でも自分のことをしゃべりすぎ」と感じるでしょうし、ＡさんはＢさんのことを「なぜ私に自分のことをあまり話してくれないのかなあ」と感じるでしょう。この感じ方の違いが、お互いのギャップを生み出してしまう場合もある[7]のです。初対面だとなおさら[8]相手に悪い印象を与えてしまいますね。

また、このジョハリの窓の発想から、バーンランドはほかの人といろいろ情報を分かち合える自分自身の部分を「公的自己」、他人には打ち明けられない部分を「私的自己」としました。もしも、公的自己が大きい人が私的自己の大きい人とコミュニケーションしたら「あまり自分を出さない人だなあ」と、もどかしく思うでしょう。もちろん、こうしたジョハリの窓や私的自己、公的自己の大きさは、一人の人間の中でも、場面や状況によって変化します。

このように、「相手にどのように自分自身を出せばよいか」については、人それぞれだということを心に留めておく必要があるでしょう。

（アルク刊『多文化共生のコミュニケーション』徳井厚子著）

＊Ｄ・Ｃ・バーンランド（1979）『日本人の表現構造（ひょうげんこうぞう）―公的自己と私的自己・アメリカ人との比較』サイマル出版（しゅっぱん）会

内容を確認しよう

(1)「はっとした」(6行目) とは、どういう意味ですか。

(2)「自己開示」(14行目) とはどういうことですか。適当なものを選びなさい。

a. 初対面の人と話をすること

b. 趣味と仕事について他の人に打ち明けること

c. 自分のことを他の人に話すこと

(3) このディスカッションの場で、「日本人学生は恥ずかしそうに下を向くばかりで、だれも手を挙げない」(17行目) のは、どうしてですか。

(4) 次のa～dは、「ジョハリの窓」の①～④のどれにあたりますか。(　　) に窓の番号を書きなさい。

a. (　　) 他の人には隠している自分

b. (　　) 公になっている自分

c. (　　) 誰も知らない未知の自分

d. (　　) 他の人はそう思っているが自分ではそう思っていない自分

(5) Bさんは、Aさんについてどのように思っていますか。正しい方を○で囲みなさい。

① Aさんは自己開示が (　大きすぎる ・ 小さすぎる　)。

② Aさんは自分のことについて (　話しすぎる ・ あまり話さない　)。

③ Aさんは印象が (　いい ・ あまりよくない　)。

(6)「公的自己」「私的自己」(40行目) とは何ですか。自分の言葉で説明しなさい。

・公的自己

・私的自己

意見を述べよう

あなたは自分自身について、他の人より「公的自己」が大きいと思いますか。それとも「私的自己」が大きいと思いますか。例を挙げて説明しなさい。また、そう思う理由についても説明しなさい。

読んだあとで

1. ４人の人が自己紹介をしています。どんな点を工夫しているか、何が面白いか考えて、話してみましょう。

(1)

マルコムさん

　私の名前はマルコムです。でも、日本人には覚えにくいかもしれないので、漢字で「円来夢」と書いて「マルコム」と読むことにしています。これは「お金が来る夢」という意味で、私は大変気に入っているのですが、こうやって名前を教えると、ときどき「エンライムさんですか」と聞かれてしまったりします。将来お金持ちになりたいマルコムです。どうぞよろしく。

(2)

王蕾（オウライ）さん

　私の名前はオウライです。中国から来ました。オウは王様の王ですが、私は皇族ではありません。ライは花のつぼみという字です。「オウライです」と言うと、よく友達から「発車オーライ」とからかわれます。皆さんも電車に乗るときは、私の名前を呼んでください。発車オーライ、結果オーライのオウライです。よろしくお願いいたします。

(3)

アダムさん

　みなさん、こんにちは。私はアメリカのテキサスから来たアダムです。日本に来るのはこれで２回目ですが、今回はいろいろ事情があって、イブは連れてきませんでした。私のニックネームはダムちゃんです。これはアメリカにいるときに、日本人の友達につけられたのですが、ダムは英語で「馬鹿」という意味なので、最初は自分に合っていないなーと思っていました。しかし、日本へ来てからすっかり忘れっぽくなってしまったので、今では適切なニックネームだと思っています。ダムちゃんこと、アダムです。よろしくお願いします。

(4)

佐藤洋さん

佐藤洋です。ごく普通の「佐藤」に太平洋の「洋」、と書きます。佐藤は全国でも一、二を争う多い苗字ですが「ひろし」もよくある名前ですよね。高校時代の恩師の話によりますと、全国にはなんと約五万人もの「サトウ・ヒロシ」さんがいるそうです。「サトウ・ヒロシ」という人間だけで、あの東京ドームを満員にできるというわけです。日本中に仲間がいるという利点を生かして、日々の仕事に励んでおります。よろしく。

(「NHK素敵なはなしことば」1994年4月〜96年3月)

2. 自分を印象づけるような自己紹介を考えましょう。名前の覚え方と、あなたの性格についても話してください。性格の表現については、「読む前に❸」を参考にしてください。

3. 次の表は「生まれ年別名前ベスト10」です。あなたの知っている人の名前がありますか。
また、時代と名前の関係について、思いついたことを話し合ってみましょう。

●生まれ年別名前ベスト10

〈男の子〉

	1912年（大正1年）	1926年（昭和1年）	1945年（昭和20年）	1970年（昭和45年）	1989年（平成1年）	2009年（平成21年）
1	正一	清	勝	健一	翔太	大翔
2	清	勇	勇	誠	拓也	翔
3	正雄	博	進	哲也	健太	瑛太、大和
4	正	実	清	剛	翔	—
5	茂	茂	勝利	博	達也	蓮
6	武雄	三郎	博	直樹	雄太	悠真、陽斗
7	正治	弘	勲	学	翔平	—
8	三郎	正	弘	博之	大樹	悠斗
9	正夫	進	稔	英樹	亮	颯真、颯太
10	一郎	一男	修	修	健太郎	—

〈女の子〉

	1912年（大正1年）	1926年（昭和1年）	1945年（昭和20年）	1970年（昭和45年）	1989年（平成1年）	2009年（平成21年）
1	千代	久子	和子	直美	愛	陽菜
2	ハル	幸子	幸子	智子	彩	美羽、美咲
3	ハナ	美代子	洋子	陽子	美穂	—
4	正子	照子	節子	裕子	成美	美桜
5	文子	文子	弘子	由美子	沙織	結愛
6	ヨシ	和子	美智子	真由美	麻衣	さくら、結菜
7	千代子	信子	勝子	直子	舞	—
8	キヨ	千代子	信子	久美子	愛美	彩乃
9	静子	光子	美代子	由美	瞳	七海
10	はる	貞子	京子	恵子	彩香	ひなた、愛莉、杏奈、優奈

（明治安田生命「生まれ年別の名前調査」）

4. 次の新聞記事にはどんなことが書いてありますか。

「○子」27年ぶりトップ3入り

「莉子」2位　1位は「大翔」「さくら」

明治安田生命調べ

一番人気の名前は、男の子が「大翔」くん、女の子が「さくら」ちゃん――。明治安田生命保険は3日、今年生まれた赤ちゃんの名前のランキングを発表した。女の子では、2009年に放送されたドラマのヒロインの名前、「莉子」ちゃんが2位に。1983年以来27年ぶりに「子」のつく名前がトップ3に入り、「子」離れ傾向に歯止めがかかった。

男の子の「大翔」は4年連続、女の子の「さくら」は6年ぶりに首位になった。「円高や就職氷河期など閉塞感が漂う時代だからこそ、『明るい将来に向かって羽ばたいて』『桜のようにきれいに』という親の強い願いが伝わってくる」としている。

男の子では、サッカーW杯南アフリカ大会で16強入りした日本代表の活躍が印象に残ったためか、青色にちなんだ漢字の人気が上昇。「颯太」が4位に、「颯真」「蒼空」が6位に食い込んだ。

調査は、今年10月末までに同社と契約した被保険者を対象に実施。男の子4078人、女の子3805人の名前を集計した。

■2010年生まれの名前

男の子		
1（1）	大翔	ひろと、はると
2（6）	悠真	ゆうま
3（2）	翔	しょう、かける
4（9）	颯太	そうた
4（41）	歩夢	あゆむ
6（9）	颯真	そうま
6（12）	蒼空	そら
6（17）	優斗	ゆうと
9（26）	大雅	たいが
9（31）	颯	はやて、そう、そら

女の子		
1（6）	さくら	
2（1）	陽菜	ひな、はるな、ひなた
2（5）	結愛	ゆあ、ゆな
2（55）	莉子	りこ
5（4）	美桜	みお、みおう
6（2）	美羽	みう、みはね
7（16）	葵	あおい
7（20）	結衣	ゆい
9（2）	美咲	みさき
9（6）	結菜	ゆな、ゆいな、ゆうな

〔かっこ内は昨年順位。右欄は主な読み方〕

（「朝日新聞」2010年12月4日）

5. あなたの国でよくある名字、名前は何ですか。調べてクラスで発表しましょう。

重要表現

■読んでみよう(p. 12)

1. ～(の)ではないでしょうか　isn't it the case that ～ CD2-1

①他人に自分の内面を見られたくない人もいる**のではないだろうか**。
②彼は質問にすぐには答えなかったので、本当は答えたくなかった**のではないか**。

❶彼は恥ずかしがり屋だから、初対面では、＿＿＿＿＿＿＿＿＿＿＿＿＿＿
ではないだろうか。

❷自分のことを自慢する人は、＿＿＿＿＿＿＿＿＿＿＿＿＿＿
ではないでしょうか。

2. ～ことを「……」と言う　the act of doing ～ is referred to as "..." CD2-2

①自分のいろいろなことを他の人に話す**ことを**「自己開示」**と言います**。
②海外に長く住んだ人が自分の国に戻ったときに、自国の文化に違和感(いわかん)を覚える**ことを**「逆カルチャーショック」**と言う**。

❶＿＿＿＿＿＿＿＿＿＿＿＿＿＿ことを、「カルチャーショック」と言う。

❷＿＿＿＿＿＿＿＿＿＿＿＿＿＿ことを、「バイリンガル」と言う。

3. ～ばかりで　do nothing but ～ CD2-3

①彼は文句を言う**ばかりで**、自分からは何も行動しない。
②あの人は責任を追求(ついきゅう)されたが、言い訳する**ばかりで**謝ろうとしなかった。

❶彼女は＿＿＿＿＿＿＿＿＿＿＿＿＿＿ばかりで、勉強をあまりしない。

❷この部屋は＿＿＿＿＿＿＿＿＿＿＿＿＿＿ばかりで、
＿＿＿＿＿＿＿＿＿＿＿＿＿＿

最近、怒ってばかりでごめんね。

4. このように 見てみると／考えると、～ということになる　considered this way, it turns out to mean ～

CD2-4

①**このように見てみると**、お見合いというのは合理的な方法**ということになる**。
②**このように考えると**、話すこと以上に聞くことが大切である**ということになる**。

❶このように見てみると、人の性格は＿＿＿＿＿＿＿＿と言える。
❷このように考えると、自己紹介では＿＿＿＿＿＿＿＿ということになる。

5. ～ば～ほど　the more ～, the more ～

CD2-5

①よく「恋をすれ**ば**する**ほど**きれいになっていく」と言われる。
②国際交流が進め**ば**進む**ほど**、異文化摩擦（まさつ）の問題も出てくると考えられる。

❶考えれば＿＿＿＿＿＿ほど、＿＿＿＿＿＿＿＿
❷相手を理解しようとすれば＿＿＿＿＿＿ほど、＿＿＿＿＿＿＿＿
＿＿＿＿＿＿＿＿

6. 例えば～とする　assuming that ～; supposing that ～

CD2-6

①**例えば**、10時に到着する**として**、何時にここを出発すればいいだろうか。
②**例えば**、100人 来る／来た **としよう**。会場の広さは十分だろうか。

❶例えば、＿＿＿＿＿＿＿＿としたら、どうしますか。
❷例えば、＿＿＿＿＿＿＿＿とします。
＿＿＿＿＿＿＿＿でしょうか。

仮に生活するのに十分なお金があるとしよう。あなたならそれでも働きますか。

7. ～**場合もある**　**there are cases where ～**　CD2-7

①買ってから数週間も過ぎていると、商品を返品できない**場合もある**。
②外国で暮らしているときは、たいていその国の習慣に従って生活しているが、どうしても受け入れられない**場合もある**。

❶たいてい１週間ぐらいで検査結果は出るが、＿＿＿＿＿＿＿＿＿＿＿＿
場合もある。

❷＿＿＿＿＿＿＿＿＿＿＿＿＿＿＿＿＿＿＿＿＿＿によっては
＿＿＿＿＿＿＿＿＿＿＿＿＿＿＿＿＿＿＿＿＿＿場合もある。

場合によっては、商品を返品できないこともある。

8. ～**と、なおさら**……　**when ～ happens, it becomes . . . all the more**　CD2-8

①けんかしてから日がたつ**と、なおさら**仲直りするのが難しい。
②見たいものを見てはいけないと言われる**と、なおさら**見たくなるのが人間の心理だ。

❶もともと甘い物が大好きだから、ダイエットをしていると、なおさら＿＿＿＿＿＿
＿＿＿＿＿＿＿＿＿＿＿＿＿＿＿＿＿＿＿＿＿＿

❷人見知りする性格なので、コンパだとなおさら、＿＿＿＿＿＿＿＿＿＿＿＿
＿＿＿＿＿＿＿＿＿＿＿＿

眠らなきゃいけないと思うと、よけいに眠れなくなる。

文法・語彙練習

1. 助詞と動詞

下の□から適当な動詞を選び、必要なら形を変えて＿＿＿に書きなさい。□の中の言葉は一度だけ使えます。また、（　）には、「は」以外の助詞を入れなさい。

与える	たまる	打ち明ける	傷つける
比べる	挙げる	組み合わせる	

①このジャケット（　　）このスカートを＿＿＿＿＿＿＿＿と、とてもエレガントに見える。

②自分の悩み（　　）他の人（　　）＿＿＿＿＿＿＿＿ことができると、気持ちがとても楽になる。

③自己紹介では、相手に悪い印象（　　）＿＿＿＿＿＿＿＿ように気をつけよう。

④ストレス（　　）＿＿＿＿＿＿＿＿と、怒りっぽくなる人がいる。

⑤どこの会社でも、自分から積極的に手（　　）＿＿＿＿＿＿＿＿仕事に取り組む人が好まれる。

⑥自分の国（　　）日本（　　）＿＿＿＿＿＿＿＿と、自己紹介のやり方には大きな違いがある。

⑦人は、自分が人（　　）＿＿＿＿＿＿＿＿ことは忘れられないものだ。

2. 活用の形

（　　）の中の言葉を適当な形にしなさい。

①ただ（うなずく →　　　　　　　）ばかりで、彼女は何も言わなかった。

②（知る →　　　　　　　）ば（知る →　　　　　　　）ほど、彼のことが好きになっていった。

③背が（高い →　　　　　　　）ば（高い →　　　　　　　）ほどバスケットボールがうまい、とはいえない。

④クラス全員が出席（する →　　　　　　　）とすると、会費は2000円になる。

⑤勉強しろと言われると、なおさら勉強を（する →　　　　　　　）なる。

3. 擬態語　下の□から適当な言葉を選び、（　　）に入れなさい。

すきっと	はっと	ほっと	どきっと
ぼうっと	じっと	そっと	むっと

①別のことを考えていて（　　　　　　）しているときに、急に名前を呼ばれて（　　　　　　）した。

②言いたいことを全部言ったので、気持ちが（　　　　　　）した。

③その話を聞いて、（　　　　　　）していられなかった。

④「好きな人はいますか」と好きな人に聞かれて、（　　　　　　）した。

⑤「彼は彼女にふられて落ち込んでいるので、（　　　　　　）しておいたほうがいいと思うよ」

⑥嫌なことを言われて、（　　　　　　）した。

⑦誤解が解けて（　　　　　　）した。

4. 「場合」を使った表現　（　　）から適当なものを選びなさい。

①「面接試験に失敗して悲しんでばかりいる（　場合だ ・ 場合もある ・ 場合じゃない　）よ。次の採用試験もあるんだから、その準備をしなきゃ」

②（　場合で ・ 場合によって ・ 場合もあって　）は、初恋が実って結婚につながることもある。

③何日も高熱が続くと、命が危険な（　場合だ ・ 場合もある ・ 場合じゃない　）。

④時間帯によっては、新幹線の指定席が買えない（　場合だ ・ 場合もある ・ 場合じゃない　）。

⑤緊急（きんきゅう）の（　場合で ・ 場合によって ・ 場合には　）、この電話番号に連絡をください。

5. 副詞　下の□から適当な言葉を選び、（　　）に入れなさい。

けっこう	即座に	なおさら	よほど	もちろん	特に

①パーティーで誰とも話をしていなかったから、あの人は（　　　　　　）人見知りなんだろうと思った。

②私は誰とでもすぐ友達になれる性格ですが、（　　　　　　　　）私にも苦手な人はいます。

③食べ物の好き嫌いが多いのですが、（　　　　　　　　）納豆(なっとう)は食べられません。

④名前を呼ばれたら（　　　　　　　　）立って、前に来てください。

⑤私は人と仲良くなるのに（　　　　　　　　）時間がかかるほうだ。

⑥バイクが欲しくて親に頼んだが、反対された。反対されると、（　　　　　　　　）欲しくなるものだ。

6. 動詞　下の□から適当な動詞を選び、必要なら形を変えて＿＿＿に書きなさい。

戸惑う	留める	区切る	付き合う	問い掛ける

①知り合いにとても高価なプレゼントをもらって＿＿＿＿＿＿＿＿。

②＿＿＿＿＿＿＿＿人によって自分の性格や行動も変わることがあるから、友達を慎重(しんちょう)に選ぶようにと母に言われている。

③本当にやりたいことは何だろうかと、自分に＿＿＿＿＿＿＿＿ことも大切だ。

④この素晴らしい景色をずっと記憶に＿＿＿＿＿＿＿＿おきたいと思った。

⑤時間を＿＿＿＿＿＿＿＿、各グループが15分の発表を行った。

7. 人を表す漢字　「屋・者・手・家・員」から適当なものを選び、＿＿＿に読み方を書きなさい。

①人気（　屋　者　手　家　員　）　＿＿＿＿＿＿＿＿

②運転（　屋　者　手　家　員　）　＿＿＿＿＿＿＿＿

③寂しがり（　屋　者　手　家　員　）　＿＿＿＿＿＿＿＿

④政治（　屋　者　手　家　員　）　＿＿＿＿＿＿＿＿

⑤目立ちたがり（　屋　者　手　家　員　）　＿＿＿＿＿＿＿＿

⑥音楽（　屋　者　手　家　員　）　＿＿＿＿＿＿＿＿

⑦節約（　屋　者　手　家　員　）　＿＿＿＿＿＿＿＿

⑧駅（　屋　者　手　家　員　）　＿＿＿＿＿＿＿＿

⑨恥ずかしがり（　屋　者　手　家　員　）　＿＿＿＿＿＿＿＿

⑩科学（　屋　者　手　家　員　）　＿＿＿＿＿＿＿＿

8. 性格を表す言葉　(　　　)から適当なものを選びなさい。

①私は(　寂しそう・寂しがり屋・悲観的　)で、一人でいるのが苦手です。

②自分のことを話題にされると、すぐ顔が赤くなってしまうので、私は自分のことを(　照(て)れ屋だ・社交的だ・あきっぽい　)と思います。

③私は、困っている人を黙って見ていることができず、母から(　世話好き・おせっかいだ・おとなしい　)と言われていますが、私は長所だと思っています。

④私は話を聞くことが好きなので、(　おとなしい・おしゃべりな・積極的な　)人より、(　おとなしい・おしゃべりな・積極的な　)人のほうがタイプです。

⑤失敗したことも、これからのことも、あまり心配しないので、人から(　素直な・楽天的な・あきっぽい　)性格だと言われます。

⑥彼女は(　人見知りな・社交的な・楽天的な　)ので、家にいるのが好きな僕とは合わないかもしれない。

9. 「気」を使った表現　下の①～⑤の言葉の意味を、a～eから選んで記号を(　　　)に書きなさい。また、これらの言葉を使って文を作りなさい。

a. 注意する。
b. 何かをして、気持ちがおさまる。
c. よく考えて、周りの人の喜ぶようなことをする(人)。
d. ～をいつも考えてしまう。
e. 好きになる。

①気がきく　(　　)　＿＿＿＿＿＿＿＿＿＿＿＿＿＿＿＿
②気に入る　(　　)　＿＿＿＿＿＿＿＿＿＿＿＿＿＿＿＿
③気をつける　(　　)　＿＿＿＿＿＿＿＿＿＿＿＿＿＿＿＿
④気になる　(　　)　＿＿＿＿＿＿＿＿＿＿＿＿＿＿＿＿
⑤気がすむ　(　　)　＿＿＿＿＿＿＿＿＿＿＿＿＿＿＿＿

ユニット

2

789101234

若者の自己評価

読む前に

1 次の１～20のうち、あなたが少しでも自信を持っているものに○をつけてください。いくつ選んでもかまいません。

1　体力　2　責任感　3　決断力　4　寛容性　5　礼儀（れいぎ）　6　集中力 7　信念・価値観　8　特技・趣味　9　ユーモア・ジョークのセンス 10　話題の多さ　11　知識・教養の豊富さ　12　他人への心配り 13　ファッションセンス　14　感受性　15　友人の多さ　16　家柄・財産 17　親の職業　18　容姿　19　もてること　20　性格の良さ

2 「日本語が上手ですね」と言われたとき、あなたはどのように答えますか。

3 あなたは、自信がないのにあるように見せることがありますか。
（例：仕事の面接）

4 あなたは、自信があるのにないように見せることがありますか。
（例：初対面のとき）

日米の大学生のコミュニケーション・スタイル

私は最近、日本の大学生とアメリカの大学生のコミュニケーション・スタイルを、質問紙調査によって比較してみた。いろいろ面白い発見があったが、なかでも「自信」に関する[1]コミュニケーション・スタイルが、日米の大学生であまりに違うことにとても興味を覚えた。日米で大きな差が出たのは次の質問である。もちろんアメリカ人には英語版を用意した。

あなたが自分なりに[2]少しでも自信を持っているものは次のうちどれですか。いくつでも選んで、該当する番号を○で囲んでください。

1　体力　2　責任感　3　決断力　4　寛容性　5　礼儀　6　集中力
7　信念・価値観　8　特技・趣味　9　ユーモア・ジョークのセンス
10　話題の多さ　11　知識・教養の豊富さ　12　他人への心配り
13　ファッションセンス　14　感受性　15　友人の多さ　16　家柄・財産
17　親の職業　18　容姿　19　異性にもてること　20　性格の良さ

表0-1は、「自信がある」と答えた学生の割合を項目ごとに[3]日米で比較したものである。また表0-2は、「自信がある」と答えた項目数（自信スコア）の分布を、やはり日米で比較したものである。

表0-1を見ると、日本人学生では「自信がある」と答えた学生の割合が五割に達する項目は一つもないが、アメリカ人学生では逆に全ての項目が五割を上回っている。また表0-2の「自信スコア」分布を見ても、日本の学生の多くは、20項目のうちの二つとか三つ（多くて五つ）にしかマルをつけない（平均スコア4.2）なのに、アメリカの学生では、17、18、19とマルが並ぶ（平均スコア14.1）。なかには項目群全体を大きなマルで囲む者まで[4]いるほどだ。こんなにはっきりした差が質問紙調査で出ることはめったにない[5]。これはどういうことなのだろうか。

二つの解釈が可能だ。一つは、日本の学生は、自分にまったく自信がなく、アメリカの

24 学生は自分にものすごい自信を持っている、という自然な解釈。もう一つは、日本の学生
25 は自信なげにふるまうが、アメリカの学生は自信満々(まんまん)の態度を装うという穿った解釈である。

二つの解釈は異なる前提から導かれている。最初の解釈を支えるのは、この調査は自信そのものを測っているとする仮定であり、後の解釈の根拠には、この調査で測っているのは自信そのものではなく自信の表現だ、という考え方である。いったいどちらの解釈が正しいのだろうか。[6]（略）

30 これはあくまで仮説にすぎないが、[7]「人は存在証明に躍起になる動物だ」と考える私が、第二の解釈の味方につかないはずがない。[8]おそらく、日本の学生は自信がないから「自信がある」と答えなかったわけではないし、[9]アメリカの学生も自信があるから「自信がある」と答えたわけではない。日本の学生は日本文化が期待するコミュニケーション・スタイルに従い適切にふるまい、アメリカの学生もアメリカ文化が期待するコミュニケーション・
35 スタイルに即して適切にふるまおうとしたのである。

（新評論刊(しんひょうろんかん)『アイデンティティ・ゲーム　存在証明の社会学』石川准著(いしかわじゅんちょ)）

表0-1　日米大学生の項目別「自信がある」ものの割合

（日本人94名、アメリカ人90名　単位：%）

	体力	責任感	決断力	寛容性	礼儀
日本	27.7	44.7	16.0	42.6	47.9
アメリカ	57.8	90.0	84.4	68.9	87.8

	集中力	信念	特技・趣味	ユーモアのセンス	話題の多さ
日本	22.3	30.9	25.5	16.0	11.7
アメリカ	67.8	67.8	63.3	78.9	68.9

	知識・教養	心配り	ファッションセンス	感受性	友人の多さ
日本	7.4	37.2	11.7	28.7	20.2
アメリカ	78.9	70.0	62.2	83.3	57.8

	家柄・財産	親の職業	容姿	もてること	性格のよさ
日本	0.0	6.4	5.3	6.4	13.8
アメリカ	55.6	50.0	70.0	62.2	88.9

表0-2　日米大学生の自信スコア分布（日本人94名、アメリカ人90名）

	0	1	2	3	4	5	6	7	8	9	10	11	12	13	14	15	16	17	18	19	20
日	1	10	17	21	10	14	5	8	2	1	1	0	1	0	0	1	2	0	0	0	0
米	0	0	0	0	0	1	3	3	4	4	2	7	9	5	7	5	7	8	10	10	5

内容を確認しよう

(1) 筆者はどんな調査を行いましたか。調査の対象者、調査方法、目的、結果を書きなさい。

対象者：

調査方法：

調査の目的：

結果：

(2)「こんなにはっきりした差」(21行目) とありますが、「はっきりした差」とは何のことか、表0-1と表0-2、それぞれについて書きなさい。

表0-1

表0-2

(3)「二つの解釈が可能だ」(23行目) とありますが、それぞれどのような解釈ですか。

①

②

(4) 筆者は、「この調査で測っているのは自信そのものではなく自信の表現だ、という考え方」(27行目) に賛成していますか。また、あなたはどうですか。

(5)「人は存在証明に躍起になる動物だ」(30行目) とはどういう意味ですか。一番近い意味を、次の中から一つ選びなさい。

a. 人は、自分と同じ意見の人を好きになる。
b. 人は、自分が亡くなってからも自分がここにいたという証明を残したいと思う。
c. 人は、自分の存在を確認するために、他の人と話す。
d. 人は、他の人に自分を認めてもらいたいと思う。

(6)「日本の学生は日本文化が期待するコミュニケーション・スタイルに従い適切にふるまい、アメリカの学生もアメリカ文化が期待するコミュニケーション・スタイルに即して適切にふるまおうとした」(33行目) とはどんなことか、下から選びなさい。いくつ選んでもかまいません。

a. アメリカでは、自信があるように見せることが適切なふるまいだと考えられているので、それに従って、自信がなくても「ある」と答えた。

b. アメリカでは、自分の考えを正直に表すことが適切なふるまいだと考えられているので、それに従って、「自信がある」と答えた。

c. 日本では、自信がないように見せることが適切なふるまいだと考えられているので、それに従って、自信があっても「ない」と答えた。

d. 日本では、自分の考えを正直に表すことが適切なふるまいだと考えられているので、それに従って、「自信がない」と答えた。

意見を述べよう

あなたの国でも自国のコミュニケーション・スタイルに適切にふるまおうとする例がありますか。あなたもそれに従おうとするかどうか、具体的な例を挙げ、考えを述べなさい。

読んだあとで

▶▶次のページの新聞記事は、日本・米国・中国・韓国の４カ国の中学生と高校生を対象にした調査結果についての記事です。

1. 下の見出しから記事の内容を予想してみましょう。

「自分ダメ」 日本突出
中高生調査「疲れ感じる」も

2. 下の表は、高校生の意識調査の結果です。記事を読む前に、A～Dはそれぞれどの国の調査結果か予想して、＿＿＿＿に国名を書き、どうしてそう思ったのか話し合ってください。

■自分はダメな人間だと思う［高校生］（%）

国	A＿＿＿＿	B＿＿＿＿	C＿＿＿＿	D＿＿＿＿
とてもそう思う	23.1	8.3	2.6	7.6
まあそう思う	42.7	37.0	10.1	14.0
あまりそう思わない	25.5	43.2	34.1	19.7
全くそう思わない	8.0	11.1	52.7	55.3

日本？ 中国？
韓国？ 米国？

3. 記事を読んで、後の問いに答えましょう。

（1）調査対象は誰ですか。

（2）a～hの（　　）に国名を入れ、そのような結果になった理由を考えてみましょう。

■自分に人並みの能力があると思うか

「思う」1位（a.　　　　　　）「思わない」1位（b.　　　　　　）

■自分はダメな人間だと思う

「思う」1位（c.　　　　　　）　2位（d.　　　　　　）

■社会や政治問題に参加することについて

「参加しても無駄」1位（e.　　　　　　）

■留学について

「留学したいと思わない」1位（f.　　　　　　　　　）

■ネットやメールでの悪口や嫌がらせの経験

「経験がある」1位（g.　　　　　　　　　）　4位（h.　　　　　　　　　）

4. 記事を読んで「意外だ」と思ったことはありますか。それは、どんなことですか。

「自分ダメ」日本突出

中高生調査 「疲れ感じる」も

日本の中高生は他国に比べて自分の能力に自信がなく、疲れも感じている――。財団法人の日本青少年研究所（東京）が日米中韓の4カ国の中高生を対象に調査したところ、こんな結果が出た。日本の生徒は「生徒の自治活動」「社会や政治への参加」「外国留学」のいずれにも消極的だった。（阿久沢悦子）

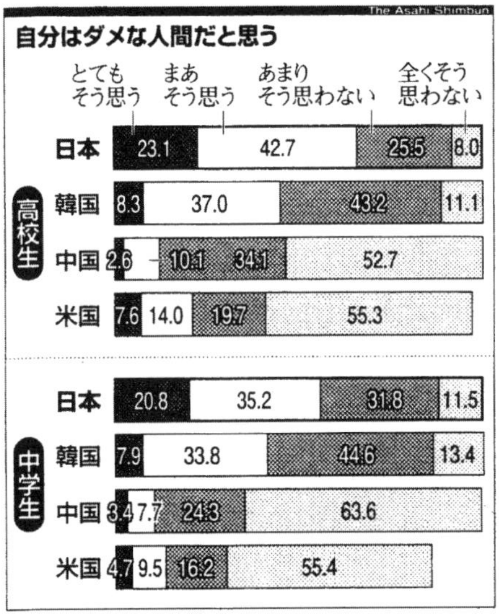

The Asahi Shimbun

自分はダメな人間だと思う

		とてもそう思う	まあそう思う	あまりそう思わない	全くそう思わない
高校生	日本	23.1	42.7	25.5	8.0
	韓国	8.3	37.0	43.2	11.1
	中国	2.6	10.1	34.1	52.7
	米国	7.6	14.0	19.7	55.3
中学生	日本	20.8	35.2	31.8	11.5
	韓国	7.9	33.8	44.6	13.4
	中国	3.4	7.7	24.3	63.6
	米国	4.7	9.5	16.2	55.4

調査は08年の9～10月にかけて、各国の中学生と高校生、それぞれ約千人ずつ、計約8千人を対象に実施した。

自分に人並みの能力があると思うかたずねたところ、「あまり思わない」「全く思わない」と答えた日本の生徒は高校46・7%、中学45・6%と4カ国中で最多。最も少なかったのは米国（高校7・6%、中学6・3%）だった。

「自分はダメな人間だと思う」率も日本がずば抜けて高く、「とても思う」「まあ思う」を合わせると高校は65・8%、中学は56・0%。次いで高いのは韓国（高校45・3%、中学41・7%）だった。「よく疲れていると感じる」生徒も日本は高校83・3%、中学76・0%と多かった。

一方、「学校の自治活動に参加したい」という高校生は10・9%、中学生は14・7%で、4～5割いる中国や米国に比べ著しく低い。「青少年が社会や政治問題に参加することについて」の回答でも「参加しても無駄」という答えが高校15・2%、中学17・4%と4カ国中最多だった。「外国へ留学したい」子は4カ国の最少で高校40・6%、中学37・4%。中国は中学生の84・0%、高校生の60・5%が留学を希望している。

インターネットやメールでの悪口、嫌がらせの経験は韓国が最も多く、中高生ともに過半数にのぼった。次いで米国、中国の順で、日本は中学13・3%、高校8・6%と最少。嫌がらせへの対処法では、韓国では半数が「やり返す」と答えたのに対し、日本は「無視する」が高校生で7割と多数を占めた。

（「朝日新聞」2009年4月5日）

重要表現

■読んでみよう(p. 29)

1. ～に関するN／～に関して　N concerning ～ / regarding ～; with respect to ～

CD2-9

①若者の嗜好品(しこうひん)**に関する**調査を行った。
②知らないこと**に関して**は、だまっていたほうがいい。

❶この本には、＿＿＿＿＿＿に関する＿＿＿＿＿＿が詳しく載っている。

❷私は、＿＿＿＿＿＿に関して＿＿＿＿＿＿

若者言葉についての調査結果が発表された。

2. ～なりに／～なりのN　in one's own way / N that is in one's own way　CD2-10

①今回の試験の結果はあまりよくなかったが、彼**なりに**がんばったと思う。
②人はそれぞれ、その人**なりの**生活スタイルがある。

❶山下さんは山下さんなり＿＿＿＿＿＿から、批判しないほうがいい。

❷人に何と言われても、私には私なり＿＿＿＿＿＿

3. ～ごとに　every time when ～; every ～　CD2-11

①専門書を１冊読む**ごとに**、知識が増えた気がするものだ。
②カレーの味は、国や地方**ごとに**少しずつ違う。

❶１時間ごとに＿＿＿＿＿＿

❷季節が変わるごとに、＿＿＿＿＿＿

4. ～まで　even ～; to the extent that ～　CD2-12

①日本の結婚披露宴(ひろうえん)に行くと、豪華(ごうか)な食事とお酒、それにおみやげ**まで**持たせてくれる。

②インドネシア人の彼は、１年で日本語で冗談が言える**まで**になった。

❶大人だけでなく＿＿＿＿＿＿＿まで＿＿＿＿＿＿＿＿＿＿＿＿＿＿＿＿＿＿

❷スキーは全くできなかったが、＿＿＿＿＿＿＿＿＿＿＿＿＿＿＿＿＿＿＿＿

泥棒をしてまで金持ちになりたいとは思わない。

5. めったに～ない　rarely ～; seldom ～; hardly ～　CD2-13

①これは**めったに**手に入ら**ない**果物です。

②九州を訪れることは**めったにない**ので、仕事のあと、有名な温泉に行くことにした。

❶＿＿＿＿＿＿＿＿＿＿＿＿＿＿＿＿＿＿＿＿＿＿＿＿人は、めったにいない。

❷都会に住んでいると、めったに＿＿＿＿＿＿＿＿＿＿＿＿＿＿＿＿＿＿＿＿＿

6. いったい～の(だろう)か　(what/how/why) on earth ～?　CD2-14

①彼女が**いったい**何を考えている**のか**、私には理解できない。

②中村さんは、３日も連絡なしで休んでいる。**いったい**何があった**のだろうか**。

❶いったい＿＿＿＿＿＿＿＿＿＿＿＿＿＿＿＿＿＿＿＿か、私にはわかりません。

❷いったい＿＿＿＿＿＿＿＿＿＿＿＿＿＿＿＿＿＿＿＿＿か、説明してください。

7. ～にすぎない　be nothing but ～; only ～; merely ～　CD2-15

①見栄(みえ)を張った**にすぎなかった**のだが、友達は本気にしてしまった。

②家は寝るための場所**にすぎない**と思っているから、台所は狭くても全く問題がない。

❶彼女の言うことは＿＿＿＿＿＿＿＿＿＿＿＿＿＿＿＿＿＿＿＿＿にすぎない。

❷＿＿＿＿＿＿＿＿＿＿＿＿＿＿＿＿＿＿＿＿＿＿＿＿＿は、幻想(げんそう)にすぎない。

8. ～はずがない　cannot be ～; should not be ～　CD2-16

①キャンプ好きの彼だから、今度のキャンプに行かない**はずがない**。
②自信家の彼がそんな弱気なことを言う**はずがない**。

❶あんなにいい人が＿＿＿＿＿＿＿＿＿＿＿＿＿＿＿＿はずがない。

❷＿＿＿＿＿＿＿＿＿＿＿＿から、山田さんが知っているはずがない。

こんなたくさんの資料、来週までに読めるわけがない。

9. ～わけではない　it does not mean ～　CD2-17

①彼女は「日本語が上手じゃない」と言っているが、下手な**わけではない**。謙遜(けんそん)しているだけなのだ。
②若者にはゲーム好きな人が多いが、みんなが好きな**わけではない**。

❶彼は乱暴な言葉遣いをするが、＿＿＿＿＿＿＿＿＿＿＿＿＿＿＿

❷全然＿＿＿＿＿＿＿わけではないけれど、＿＿＿＿＿＿＿＿＿＿＿＿＿

文法・語彙練習

1. 助詞と動詞　下の［　　］から適当な動詞を選び、必要なら形を変えて＿＿＿＿に書きなさい。また、（　　）には「は」以外の助詞を入れなさい。答えは一つとは限りません。

失う	覚える	従う	すぎない	達する
つく	つける	囲む	比較する	上回る

①両親の言うこと（　　）＿＿＿＿＿＿＿、彼は就職する会社を決めた。

②該当(がいとう)するもの（　　）丸（　　）＿＿＿＿＿＿＿ください。

③今年の貿易赤字は前年（　　）＿＿＿＿＿＿＿た。

④高校進学率は、90％（　　）＿＿＿＿＿＿＿た。

⑤30年前の若者と現代の若者（　　）＿＿＿＿＿＿＿と、現代の若者のほうが、男女ともに身長が高くなっている。

⑥彼はよく嘘(うそ)をつくので、彼の味方（　　）＿＿＿＿＿＿＿人は誰もいない。

⑦お寺の修理をしている仕事を見せてもらい、大工の仕事（　　）興味（　　）＿＿＿＿＿＿＿た。

⑧二つの作品に優劣(ゆうれつ)（　　）＿＿＿＿＿＿＿のは難しい。

⑨彼のほめ言葉は、単なるお世辞(せじ)（　　）＿＿＿＿＿＿＿。

⑩努力しても結果が出ないと、自信（　　）＿＿＿＿＿＿＿しまうことがある。

2. 「わけ」を使った表現　「わけではない」「わけがない」「わけにはいかない」から適当なものを選んで、（　　）に入れなさい。

①ケン：リーさん、和食が苦手なんだってね。

リー：うん。でも全く食べられない（　　　　　　　　）よ。

②美香：そのセーター、窮屈(きゅうくつ)そうだね。

和也(かずや)：そうなんだけど、彼女が編んでくれたから、着ない（　　　　　　　　）よ。

③先生：レポートの締め切りは、明日ですよ。

学生：はい、全然書いていない（　　　　　　　　）んですが、まとめるのが難しくて……。

④由美：彼が私のこと、どう思っているのか、よくわからないんだ。直接、聞く（　　　　　　　　　　）し……。

佑二（ゆうじ）：そうなんだ。それじゃ、俺がそれとなく聞いてあげようか。

由美：うん、お願い。

⑤美咲（みさき）：こんなにたくさんの宿題、一日でなんて、無理だよ。

武史（たけし）：そんなことないよ。僕にできたんだから、美咲さんにできない（　　　　　　　　　　）よ。

3.「はず」を使った表現　**「はずだ」「はずがない」「はずだった」「はずではなかった」から適当なものを選んで、（　　　）に入れなさい。**

①部下：会議には、新入社員の田口さんも参加しますか。

上司：ええ、新入社員は全員参加だから、田口さんも参加する（　　　　　　　　　　）けど。

②リカ：昨日、カラオケ、来なかったね。みんなで盛り上がったよ。

ダン：行ける（　　　　　　　　　　）んだけど、仕事が長引いてどうしても行けなかったんだ。

③ヤン：ヒロ、遅いね。来ないのかなあ。

ルカ：来ない（　　　　　　　　　　）よ。昨日、来るって言ってたから。

④社長の息子だから結婚したのに、会社が倒産して、夫は今失業中だ。こんな（　　　　　　　　　　）……。

⑤必死で練習をしたから負ける（　　　　　　　　　　）と思っていたが、相手が予想以上に強く、負けてしまった。

4.に関して／に対して／によって　**「に関して」「に対して」「によって」から適当なものを選んで、（　　　）に入れなさい。**

①新薬の開発（　　　　　　　　）、多くの人々の命が助かるだろう。

②地震の被害にあったA国（　　　　　　　　）、多くの国が支援を申し出た。

③子供の臓器（ぞうき）移植（　　　　　　　　）、新聞社にさまざまな投書が届いている。

④ご質問の件（　　　　　　）、調査はまだ続いていますので、今お答えすることはできません。

⑤原発（げんぱつ）が建設されるかどうかは、住民投票（　　　　　　）決定されることになっている。

5. 副詞（1）　下の□から適当な言葉を選び、（　　）に入れなさい。

いくら	いったい	めったに	決して	いっさい	多くて

①あの人は（　　　　　　）犯人ではないと思います。

②（　　　　　　）誰がそんなにひどいことをしたのだろうか。

③恋人と別れたあと、思い出の手紙や写真は（　　　　　　）捨ててしまった。

④（　　　　　　）彼のことが嫌いでも、無視をするのはいけないと思う。

⑤時間がなくて、映画には（　　　　　　）いけない。

⑥私は、あまり家族に電話をしない。（　　　　　　）３カ月に１回程度だ。

6. 副詞（2）　（　　）の中から適当なものを選びなさい。

①彼は、冗談を（　たまに・めったに　）言わない。

②家で食事をすることが多く、外食は（　たまに・めったに　）しかしない。

③ゆうべは試験のことが気になって、（　めったに・ろくに・たまに　）寝られなかった。

④目覚まし時計が鳴らなかったというのは、（　めったに・たまに・全く　）理由にはならない。そんな理由は、言わないほうがましだと思う。

⑤出席できないかもしれないと言っていたが、（　おそらく・やはり・全く　）彼女は同窓会には来なかった。

⑥汚職（おしょく）事件にかかわっていたということなので、今度の選挙では、A氏は（　おそらく・めったに・全く　）当選しないだろう。

7. する／した／している　（　　）から適当なものを選びなさい。

①私は、冗談を（　言う・言った・言っている　）にすぎなかったが、彼女は怒ってしまった。

②雨が（　降る・降った・降っている　）ごとに、季節が変わっていくのがわかる。

③飛行機は台風で欠航（けっこう）になったから、今、彼が飛行機に（　乗る・乗った・乗っている　）はずがない。

④父は、３時に出発したのだから、今はもうクアラルンプールに（　いる・いた　）はずだ。

⑤お金を（　借りる・借りた・借りて　）まで、ブランド品を持ちたいとは思わない。

8. ～げ　「～げ」「～げに」「～げな」を使って、同じ意味の文にしなさい。

①妻を亡くした彼は、なんだか（寂しそう →　　　　　　　）だ。

②アメリカ人は、（自信がありそう →　　　　　　　　　　）ふるまう人が多い。

③「彼女と別れた」と言った彼の電話の声は、（悲しそう →　　　　　　　）だった。

④祖父は何も言わず、（優しそう →　　　　　　　）まなざしで迎えてくれた。

⑤姉は、宝石店のショーウインドウを（物欲しそう →　　　　　　　）見ていた。

9. 動詞　下の□から適当な動詞を選び、必要なら形を変えて＿＿＿に書きなさい。動詞は一度だけ使えます。

表明する	抱く	ふるまう	期待する	よそおう

①あの人は、いつも自信満々（まんまん）に＿＿＿＿＿＿＿＿。

②とても心配だから、平気を＿＿＿＿＿＿＿＿ことはできない。

③批判を恐れずに意見を＿＿＿＿＿＿＿＿ことが必要だ。

④親が私の将来について＿＿＿＿＿＿＿＿のは、うれしい反面、プレッシャーでもある。

⑤若い人は、高い希望を＿＿＿＿＿＿＿＿ことが多い。

10. **表の説明**　次の文章は「自分らしさ」に関する調査についての説明文です。表を見ながら下の□から適当な言葉を選び、必要なら形を変えて（　　）に書きなさい。

よる	占める	対象	程度	関する	一方
続く	超える	結果	傾向	回答する	

　ある研究所の若者の価値観に（①　　　　　）調査に（②　　　　　）と、現代の若者が好む価値観として、「自分らしさ」を重視するという（③　　　　　）があることがわかった。「流行やまわりの空気にのる」と（④　　　　　）人は16%（⑤　　　　　）だったのに対して、「自分らしさにこだわる」と（④　　　　　）人は8割を（⑥　　　　　）た。この（③　　　　　）は男女とも変わりがなかった。

　「自分らしさにこだわる」と（④　　　　　）人を（⑦　　　　　）に、「自分らしいと思える瞬間(しゅんかん)」を自由に答えてもらった。回答を共通のキーワードで分類したところ、男性は1位「努力・まじめ・コツコツ」、2位「自分の主張・流されない」、3位「マイペース・無理はしない」となった。（⑧　　　　　）、女性は、「努力・まじめ・コツコツ」は上位3位には入らず、「自分の主張・流されない」「マイペース・無理はしない」がともに20%で、両者で4割を（⑨　　　　　）た。次に、「自分の好きなこと・お気に入り」17%という回答が（⑩　　　　　）た。

　流行に敏感(びんかん)で、まわりの空気にのると思われることが多い若者だが、「自分らしさ」を重視していることが今回の調査の（⑪　　　　　）からわかった。

好(この)む価値観

	男	女
自分らしさにこだわること	84.3%	83.3%
流行やまわりの空気にのること	15.7%	16.7%

自分らしいと思える瞬間(しゅんかん)

男　(n=100)			女　(n=119)		
1位	努力・まじめ・コツコツ	24%	1位	自分の主張をする・流されない	20%
2位	自分の主張をする・流されない	21%	2位	マイペース・無理はしない	20%
3位	マイペース・無理はしない	14%	3位	自分の好きなこと・お気に入り	17%

（サントリー次世代研究所「若者のメディアライフスタイル調査」(2005-2007)）

ユニット

3

ジェンダーを考える

読む前に

1 子供の時から今までを振り返って、男あるいは女に生まれて、（A）よかったと思った／思うこと、（B）嫌だと思った／思うこと、を３つずつ書いてください。

　またそれぞれの事柄は、生物学的な男女の違いによるものか、社会文化的な違いによるものか、考えましょう。

（A）よかったと思った／思うこと	（B）嫌だと思った／思うこと

2 「夫は外で働き、妻は家庭を守るものだ」という考え方に、あなたは賛成ですか、反対ですか。その理由も話してください。

　また、そのような考え方は、あなたの国ではどのように捉えられますか。世代間、男女間で違いがあるでしょうか。違いがあるなら、その理由を考えてください。

男の料理　市民権

夫は仕事・妻は家庭　７割から４割に

口べたで料理好きの父親を主人公に、家庭や会社の人間ドラマをほのぼのと描いた漫画「クッキングパパ」が昨年末、「週刊モーニング」（講談社）で連載千回を迎えた。料理が得意な父親は連載が始まった85年は珍しかったが、23年を経て今では当たり前になった。「読者に支持される限り[1]描き続けたい」。作者の意欲は衰えない。

主人公・荒岩一味（あらいわかずみ）は、福岡市内の商社のサラリーマン。大柄でいかつい顔なうえ[2]シャイで無口だが、優しい性格だ。料理を作るのが大好きで、失恋した後輩にもつ鍋（なべ）、受験勉強中の長男にニンジンライスといった風に[3]、言葉の代わりに[4]料理で励ましたり慰めたりする。

作者のうえやまとちさん（53）＝福岡県福津市在住＝は「荒岩は理想の男性像」と話す。自身も父親の転勤で、３兄弟だけで暮らした高校時代に料理を覚え、好きになった。漫画で紹介するレシピは、すべて自ら腕をふるったうえで[5]描く。

だが、連載開始時はこうした父親像はまだ一般的ではなかった。６年前の79年に総理府（現内閣府）が行った世論調査では、「夫は仕事、妻は家庭」という考え方に７割以上の人が「どちらかといえば[6]」を含め「賛成」と答えている（＝グラフ〈次ページ〉）。

事前の出版社との打ち合わせでは「単身赴任（ふにん）か妻が病気だという設定にしたら」という意見も出た。結局、荒岩の料理好きは会社では隠しているという設定にして連載をスタートさせた。

夫が家事をし、妻が出産後も働き続ける主人公一家に、読者が共感してくれるかどうか。うえやまさんはこう考えていた。「友人を自宅に連れて帰ったとき、寝ている奥さんを起こさないで自分でサッと料理が作れたらかっこいい。そんな男を描きたかった」

90年に掲載（けいさい）された第221話で、荒岩の長男の同級生が「どうして男なのに料理するんですか」と尋ねる場面がある。荒岩は笑顔で答えた。

「食べ物を作るってことは[7]、食べる人に元気や楽しさをプレゼントするってことさ。おじさん、そういうこと大好きでなっ。男も女もない[8]よっ」

物語には、家族の悩みも織り込まれている。荒岩の妻が育休後に職場復帰する第230話（90年）では、仕事と育児の両立のジレンマを描いた。

92年にはテレビアニメにもなった。福岡県出身の吉村和真・京都精華大マンガ学部准教授は「ジェンダーの逆転を描くだけでなく、結婚や子どもの自立などを自分の人生と重ね合わせられる点が読者に受け入れられ、長寿連載となったのだろう」と分析する。

荒岩の料理好きは96年、第504話で職場で公にされる。うえやまさんは時代の変化を実感していた。「もう隠す時代じゃないなと思った」

昨年の12月27日発売号に掲載された第千話には、荒岩夫妻がイタリアを旅行し、結婚20年の幸せをかみしめるストーリーを持ってきた。

「自分が楽しいと思うことを描き続けてきただけ。時代を先取りしようと思っていたわけじゃないが、読者が受け入れてくれたのはうれしい」

ⓒうえやまとち／講談社

「夫は外で働き、妻は家庭を守るべきである」という考え方をどう思うか

（→ p. 86）

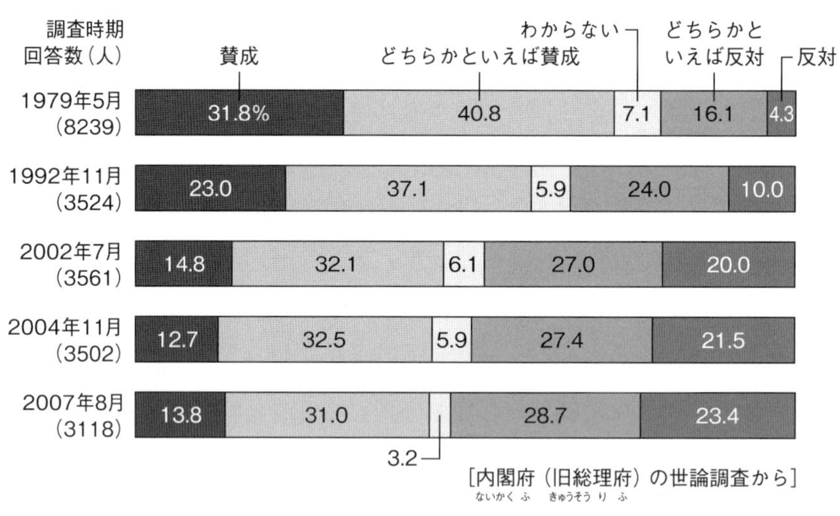

［内閣府（旧総理府）の世論調査から］

（「朝日新聞」2008年1月21日）

内容を確認しよう

(1) この新聞記事の見出し「男の料理　市民権」「夫は仕事・妻は家庭　7割から4割に」を文にして説明しなさい。

(2)「こうした父親像はまだ一般的ではなかった」(13行目) とありますが、どんな父親像が一般的だったと考えられますか。

(3)「『単身赴任か妻が病気だという設定にしたら』という意見も出た」(16行目) のはなぜですか。

(4) 作者のうえやまとち氏の理想の男性像を説明しなさい。

(5)「ジェンダーの逆転」(29行目) とは、具体的にどういうことですか。

(6)「クッキングパパ」が「長寿連載」(30行目) になった理由は何だと、吉村氏は述べていますか。

(7)「時代の変化を実感していた」(31行目) とありますが、何がどのように変化したのですか。

意見を述べよう

あなたは、男性が料理をすることについて、どう思いますか。

読んだあとで

1. 次の表は、各国の女性・男性が、１週間に「家事・育児」と「職業」にどれくらいの時間を費やしているかを調査した結果です。この表を見て、下の質問に答えてください。

生活時間の国際比較（分／週）

	A		B		C		D	
	家事・育児		職業		家事・育児	職業	総労働時間	
	女性	男性	女性	男性	男女合計	男女合計	女性	男性
日本	1,967	217	1,603	3,045	2,184	4,648	3,570	3,262
アメリカ	1,806	868	1,351	2,415	2,674	3,766	3,157	3,283
オランダ	2,051	861	560	1,813	2,912	2,373	2,611	2,674
フィンランド	1,519	819	1,484	2,100	2,338	3,584	3,003	2,919

（田中重人「生活時間の男女差の国際比較」大阪大学大学院人間科学研究科『年報人間科学』22号から抜粋）

（1）A「家事・育児」とB「職業」について、表からどんなことがわかりますか。

（2）Cの「家事・育児」と「職業」を比較して、どんなことがわかりますか。

（3）D「総労働時間」について、各国の特徴をまとめてみましょう。

日本	
アメリカ	
オランダ	
フィンランド	

2. 2つの研究紹介（A）（B）を読んで、質問に答えてください。

（A）

摂食行動についての実験（Pliner & Chaiken, 1990）を紹介しよう。この実験では、誰かと一緒に食べることで食べる量がどのように変わるかが、男女大学生を対象にして検討された。その結果、男女とも同性よりも異性がそばにいると食べる量が減ることが見いだされた。しかし、そばにいる異性が魅力的かそうでないかによって食べる量に違いがあるかを検討したところ、下記のグラフのような結果になった。

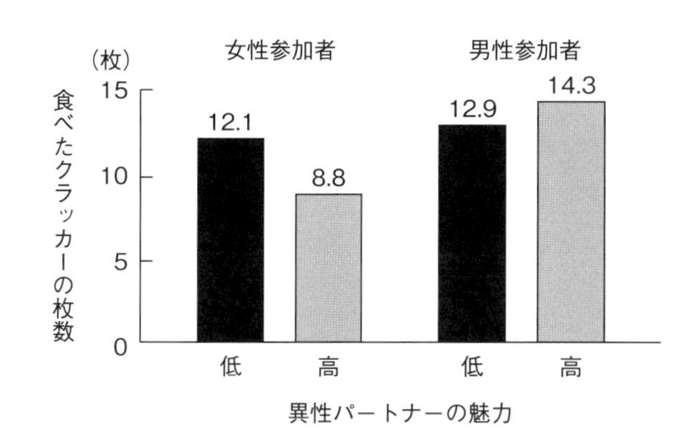

異性パートナーの魅力の高低によるクラッカー消費量
（出所）Pliner & Chaiken (1990) をもとに作成

（ミネルヴァ書房刊『ジェンダーの心理学』青野篤子・森永康子・土肥伊都子著）

(1) 上のグラフを詳しく説明してください。

(2) なぜこのような結果になったと思いますか。

（B）

Spencer, Steele & Quinn（1999）は、女性が数学に対して積極的でないのは、「女性は数学が苦手」というステレオタイプのせいではないかと考え、これを一連の実験で検証した。その一つの実験は、「このテストは性差が見られないものです」と教示する条件と、そうした教示のない条件を設け、男女大学生に数学のテストを行うというものである。結果は下記のグラフのとおりである。後者の条件では、男子学生に比べ、問題を解くために考えた時間が女子学生は短かったというような違いがあり、これが成績の性差を生んだとも考えられる。なお、この実験に参加した大学生は、高校時代に受けた学力試験での数学の成績や大学で履修した数学科目とその成績に、男女で違いがないように選ばれている。

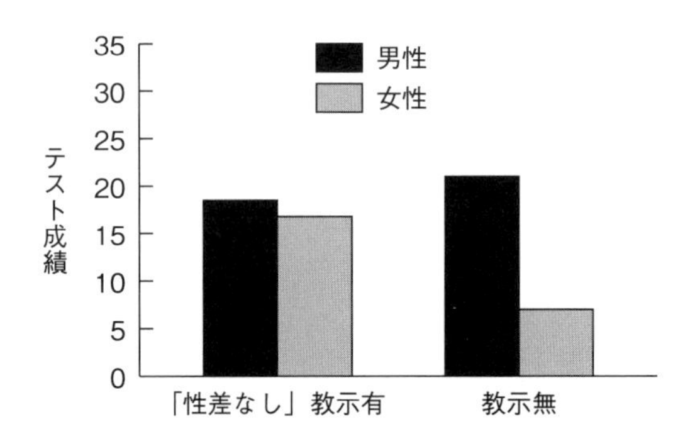

「性差なし」教示の有無による数学のテストの成績
（出所）Spencer et al., 1999による

（ミネルヴァ書房刊『ジェンダーの心理学』青野篤子・森永康子・土肥伊都子著）

（1）上のグラフを詳しく説明してください。

（2）なぜこのような結果になったと思いますか。

重｜要｜表｜現

■読んでみよう(p. 45)

1. ～限り　**unless ～; so long as ～; in so far as ～**　CD2-18

①「一人でも私のオムライスが食べたいと言ってくれる人がいる**限り**、この店は続けます」と年老いた店主は言った。
②労働条件が改善されない**限り**、この会社で出産後も働き続けるのは難しいと思う。

❶夫／妻に許してもらえない限り、＿＿＿＿＿＿＿＿＿＿＿＿＿＿＿＿
❷私が知る限り、＿＿＿＿＿＿＿＿＿＿＿＿＿＿＿＿＿＿＿＿＿＿

2. ～うえ(に)　**on top of ～; besides ～; as well as ～**　CD2-19

①この調理器具は高価な**うえ**、使い方が難しいので、一般家庭向きではない。
②先輩：今日は彼女に30分も待たされた**うえに**、食事までおごらされたよ。
　後輩：彼女には弱いんですね。

❶「岡田(おかだ)さんは＿＿＿＿＿＿うえに、料理も上手だから、女の子にもてるでしょう？」
❷「男／女は＿＿＿＿＿＿＿＿うえに＿＿＿＿＿＿＿＿＿＿＿＿。損だよね」

3. ～といったふうに／～というふうに　**in such a way as ～**　CD2-20

①洗濯物の取り入れは夫、ゴミ出しは妻**といったふうに**、高橋さんの家では仕事の分担を細かく決めている。
②女の子の服にはピンクのリボンをつけ、男の子の服には青いボタンをつける**というふうに**、私たちは子供のころからジェンダーの影響を受けている。

❶＿＿＿＿＿＿＿＿＿＿＿＿＿＿＿といったふうに、以前は男性だけだった職場に女性が進出している。
❷＿＿＿＿＿＿＿＿＿＿＿＿＿＿＿というふうに、3月ごろは気温が安定しない。

4. ～(の)代わりに　instead of ～; in exchange for ～　CD2-21

①彼らは結婚披露宴(ひろうえん)**の代わりに**、ホテルの一室を借りてミニライブを開いた。
②一般職で採用されると、転勤がない**代わりに**昇進も限られる。

❶夏は、ジョギングをする代わりに、家で＿＿＿＿＿＿＿＿＿＿＿＿＿＿＿＿＿。
日焼けしたくないからだ。

❷田村さんは、友達に柔道を教えてあげる代わりに、＿＿＿＿＿＿＿＿＿＿＿＿

5. ～うえで　as a result of ～; after doing ～; based on ～　CD2-22

①外国メディアは彼女の映画監督としての実力を十分評価した**うえで**、日本人女性のイメージを変えたと評した。
②収入が保証された**うえで**育児休暇を取得できるA国の制度は理想的だ。

❶仕事の内容や条件を全部知ったうえで、＿＿＿＿＿＿＿＿＿＿＿＿＿＿＿＿

❷＿＿＿＿＿＿＿＿＿＿＿＿＿＿＿＿うえで、こういう生活スタイルを選んだ。

6. どちらかといえば／どちらかというと　rather; if anything　CD2-23

①雅夫：生まれ変わるなら女？ 男？
純子：女性であることにあんまり不満はないけど、**どちらかといえば**男かな。
②新しい生活にはもちろん期待もあるが、**どちらかというと**不安のほうが大きい。

❶この大学では、どちらかといえば＿＿＿＿＿＿＿＿＿＿＿＿＿＿＿＿のほうが
＿＿＿＿＿＿＿＿＿＿＿＿＿＿＿＿＿＿＿＿＿＿＿＿＿＿＿＿＿＿＿＿

❷僕は外見にはあまりこだわらないけど、どちらかというと＿＿＿＿＿＿＿＿＿＿
＿＿＿＿＿＿＿＿＿＿＿＿＿＿＿＿

7. ～ってことは、……ってこと／～ということは、……ということ　～ means that . . .

CD2-24

①「指輪を受け取った**ってことは**、プロポーズを受ける**ってこと**？」
②自立する**ということは**、経済的に誰にも頼らない**ということ**だと思う。

❶「10年間変わっていないってことは、これからも＿＿＿＿＿＿＿＿＿＿＿＿」

❷＿＿＿＿＿＿＿＿＿＿＿＿＿＿＿＿＿＿＿＿＿＿ということは、ますます高齢者が増えていくということだ。

8. ～も～もない　neither ～ nor ～　CD2-25

①リサ：みんなでカラオケに行かない？
哲也（てつや）：僕、下手だから……。
リサ：楽しむのに、上手**も**下手**もない**よ。行こう行こう。
②「嫌なことはちゃんと断ったほうがいいよ。先輩**も**後輩**もない**よ」

❶A：うちの子は男の子なのに、人形遊びが大好きで……。
B：悩むことはないよ。子供の遊びに＿＿＿＿＿＿＿＿＿＿＿＿＿＿＿

❷「＿＿＿＿＿＿＿＿＿＿＿＿＿＿＿＿＿＿。学生も先生もないよ」

文法・語彙練習

1. 助詞　（　　）にひらがなを一つ入れなさい。

①数十年前は恋愛結婚は珍しかったが、今（　　）（　　）当たり前（　　）なった。

②出版社は連載を始める前、作家（　　）（　　）打ち合わせに時間をかける。

③ドラマの主人公の生き方（　　）、私は強く共感した。

④私は未来の理想的な家庭を描きたかったので、小説の舞台は2050年の大阪という設定（　　）した。

⑤恵子（けいこ）さんは、みんなの拍手に笑顔（　　）答えた。

⑥彼女は就職活動をして、世の中はまだまだ男性社会であること（　　）実感した。

2. 動詞　下の□から適当な動詞を選び、必要なら形を変えて＿＿＿＿に書きなさい。

含める	経る	励ます	隠す	衰える

①彼氏と別れて落ち込んでいる友達を何とか＿＿＿＿＿＿たいと思って、鍋（なべ）パーティーを企画した。

②二人は12年間の交際を＿＿＿＿＿＿、去年の春、結婚しました。

③「介護（かいご）も＿＿＿＿＿＿、家事、育児など、家庭内の仕事は全部妻に任せています」

④拓也（たくや）は自分が主夫（しゅふ）であることを、友人たちに＿＿＿＿＿＿いる。

⑤近年日本では、家庭内での父親の権威（けんい）が急激に＿＿＿＿＿＿きた。

3. 語彙の選択

(1) a～eの（　　）に合う動詞を、□から選んで、表現を完成させなさい。動詞は一度だけ使えます。

先取りする	守る	する	かみしめる	ふるう

a. 家庭を（　　　　　　　　）　　b. 公に（　　　　　　　　）

c. 腕を（　　　　　　　　）　　d. 時代を（　　　　　　　　）

e. 幸せを（　　　　　　　　）

(2)（1）で作った表現から適当なものを選び、必要なら形を変えて、文を完成させなさい。

①彼は普段ほとんど料理をしないが、友達が集まると＿＿＿＿＿＿＿＿＿＿。

②あの70代の夫婦は、結婚当初から家事を完全に分担してきたそうだ。＿＿＿＿＿＿＿＿＿＿といえるだろう。

③俳優Ａ氏は、女優のＢさんと離婚したことを、昨日＿＿＿＿＿＿＿＿＿＿。

④苦労を重ねてきたその男性は、嫁(とつ)いでいく娘の姿を見て＿＿＿＿＿＿＿＿＿＿。

⑤子育ての責任は＿＿＿＿＿＿＿＿＿＿妻にあると考えている人はまだまだ多い。

4. ～合わせる　下の［　］から適当な言葉を選び、必要なら形を変えて＿＿＿に書きなさい。

重ね合わせる	打ち合わせる	組み合わせる
問い合わせる	見合わせる	

①自分の若いころの姿と＿＿＿＿＿＿＿＿＿＿、共働きでがんばる娘夫婦を応援しようと思った。

②雑誌のバックナンバーが欲しくて出版社に＿＿＿＿＿＿＿＿＿＿が、絶版で、在庫もないそうだ。

③連載小説に対して読者から多くの批判が寄せられたので、今回は掲載(けいさい)を＿＿＿＿＿＿＿＿＿＿た。

④担当者が事前に集まって、業務の分担を＿＿＿＿＿＿＿＿＿＿必要がある。

⑤「２、３種類の花を＿＿＿＿＿＿＿＿＿＿、かわいい感じの花束にしてくださいますか」

5. 「うえ」を使った表現　（　　）の中の言葉を適当な形にしなさい。

①パートナーを（選ぶ →　　　　　　）うえで、一番重要だと考えていることは何ですか。

②二人でよく（話し合う →　　　　　　）うえで出した結論ですから、変わることはないと思います。

③リスクが高いことを（了解する →　　　　　　）うえで、新しい事業に投資した。

④検査の結果が出たが、（数字 →　　　　　　）うえでは問題はないようだ。

⑤美穂（みほ）さんは決断が（早い →　　　　　　）うえに行動力もあるから、グループのリーダー的存在だ。

6. 名詞表現　例のように変えなさい。

例）料理好きの主人公　→　料理が好きな 主人公

①育休（いくきゅう）後に　→　＿＿＿＿＿＿＿＿後に

②職場復帰する話　→　＿＿＿＿＿＿＿＿話

③京都市在住の田辺（たなべ）さん　→　＿＿＿＿＿＿＿＿田辺さん

④連載開始時は　→　＿＿＿＿＿＿＿＿時は

7. 名詞　下の［　　］から適当な言葉を選び、（　　）に入れなさい。

意欲	自身	悩み	両立	逆転	自立

①小林さんは妻に（　　　　）を打ち明けることができずにいる。

②家族も驚いたようだが、彼女（　　　　）、自分が単身赴任することになるとは考えてもみなかった。

③「理想の女性？ そうですね。知的で、（　　　　）していて、活動的な人がいいですね」

④彩（あや）さんは、就職の際には総合職を希望し、ばりばり働きたいと（　　　　）を見せた。

⑤妻の収入が僕より多くなれば、家庭内の立場が（　　　　）するかもしれないと恐れている。

⑥家族の協力がない限り、家事と仕事を（　　　　）させるのは難しいだろう。

8. 出版に関する語　下の［　　］から適当な言葉を選び、（　　）に入れなさい。［　　］の中の言葉は一度だけ使えます。

ドラマ	物語	設定	読者	作者
主人公	発売	掲載（けいさい）	出版社	

この漫画の（①　　　　　）は21歳の女性で、東京にある有名大学の理学部に通う学生という（②　　　　　）だ。（③　　　　　）であるＡ氏は、学生の日常にあふれる（④　　　　　）を描きたかったと話している。第８話が（⑤　　　　　）された10月６日（⑥　　　　　）の「コミックサタデー」は10万部の売れ行きで、（⑦　　　　　）も驚いているということだ。（⑧　　　　　）はやはり学生が多く、自らの学生生活と重ね合わせながら、（⑨　　　　　）を読んでいるのであろう。

9. 見出しの語句　次の新聞記事の見出しには省略があります。何が省略されているか考えて、完全な文にしなさい。また、記事はどんな内容か考えなさい。

①
騒音被害の実状を知って
ドキュメンタリー映画5月3日上映

②
企業情報の不足が壁に

③
紫外線対策
男性向け日傘　好調

④
父親の育休に理解を
取得できる環境作り必要

⑤
卒業生、プロデビューも
マンガ専攻　10校以上に

①＿＿＿＿＿＿＿＿＿＿

②＿＿＿＿＿＿＿＿＿＿

③＿＿＿＿＿＿＿＿＿＿

④＿＿＿＿＿＿＿＿＿＿

⑤＿＿＿＿＿＿＿＿＿＿

ユニット 4

ことばと文化

読む前に

1 次の会話で、Bが伝えたいことは何でしょうか。

(1) A（友人）：日曜日、二人でハイキングに行かない？
　B（友人）：いいね。でも二人ではちょっと……。

(2) A（子供）：お母さーん。遅刻しそうなんだよ。車で駅まで送って！
　B（母親）：しょうがないわねえ。

(3) A（客）　　　　　：このシャツ、午前中に仕上げていただきたいんですけど。
　B（クリーニング店）：それはちょっと、難しいか、と。

(4) A（友人）：何か手伝うことない？
　B（友人）：んー、別に。

(5) A（同僚）：雨降ってるし、車で送りましょうか。
　B（同僚）：いいえ、大丈夫です。ありがとうございます。

(6) A（同僚）：Bさん、フランス語上手ですね。
　B（同僚）：いえいえ、とんでもない。

(7) A（隣人）：ご迷惑かもしれませんが、これ、もらってもらえません？
　B（隣人）：あら、迷惑だなんて。

2 Bに対する返事として正しいのは、aとbのどちらですか。

(1) A：君から彼に言っといてくれないか。
　B：そんなこと私からは。
　A：a. じゃ、よろしく。
　　　b. じゃ、僕から言うよ。

(2) A：今、ちょっと出られない？
　B：あ、でも、仕事、抜けるわけには……。
　A：a. じゃ、仕事終わってから。
　　　b. じゃ、会社の前で待ってるね。

3 あなたは、相手の言葉やジェスチャー、態度などを間違って受け取ってしまい、相手の本当の気持ちを誤解したことはありませんか。また、逆に、相手に誤解されたことはありませんか。下の例を参考にして、あなたの経験を話してください。

　ドイツに留学していたときのことですが、ホストファミリーのお母さんから誕生日にマフラーをもらったんです。私はとてもうれしくて、「ありがとうございます」とか「気を遣っていただいてすみません」とか何度もお礼を言ったんですが、お母さんに私の気持ちは伝わらなかったようで、あまり喜んでいないと受け取られてしまいました。やっぱり、感謝の気持ちを伝えるだけでは不十分なんだなあ、と思いました。

　うれしいという喜びの感情を表現するのは難しいことですが、きっとキスをするとか抱きつくとか、体全体で喜びを表現して、「大好きな色です」とか「明日のデートにしていきます」と言えばよかったんだろうなあ、と思います。でも、とってもいい経験でした。

日本人は「ノー」と言わない？

なぜ日本人はノーと言えない（あるいは言わない）のか。よく持ち上がる質問だ。しかしこれは、サッカーの選手になぜボールを手に持って走らないのかと訊くようなもの[1]。どちらの場合も、質問者は自分のやり方のほうがずっと早くて効果的で「優れている」と考えている。ただし、別なゲームのプレイヤーだ。（略）

日米では「ノー」の使い方にも違いがあるが、かけ離れてはいない。日本語には「いいえ」と言わずにノーを伝える表現がいろいろある。前章で紹介した「それはちょっと……」もそのひとつ。「ぜったいだめです」などと言おうものなら[2]相手との人間関係にひびが入りかねない[3]ので、そうしたソフトな言い回しが好まれる。

ずいぶん昔の話になるが、日本料理店でアルバイトをしていた頃、この日本的手法がとても重宝したことがある。オーナーにデートに誘われた私は、その気はなかったものの[4]さすがに「いや」とは言えず——なんといっても[5]雇主なわけだし——「ちょっと考えさせてください」と応じた。これは日本では「たぶんだめ」を意味する常套句。あとでオーナーに返事を催促されたりしたら、きっと私はうろたえたはずだ。けれど、日本人である彼にはやはり、こちらの意図はしっかり伝わったようだった。こんなソフトな言い回しで相手にきまり悪い思いもさせずに断ることができるのだ。（略）このように日本人以外にはとても[6]「ノー」とは思えぬ言い回しでも、日本人にとっては紛れもない「否」を示す表現がある。

こうした曖昧なノーは、アメリカでもプライベートな会話では使われることもあるが、公の場で耳にすることはまずない。ところが日本人は公の場でも口にするので、それが大きな誤解の温床となっている。かの有名なニクソン・佐藤会談もその一例だ。日本の繊維市場自由化をめぐり[7]「善処します」と言った佐藤首相の発言を「イエス」と解したニクソン大統領は、のちに失望することになる。この「善処します」は明確な否定表現ではないものの、「善処しますが、おそらくムリでしょう」を意味する——「善処しますので、おそらく大丈夫」と解するアメリカ人の期待に反して[8]。

要するに、「ノー」という言葉を使わないからといって[9]、日本人はなんでもかんでもイエスと言っているわけではないということ。（略）ある言葉が他言語でどう用いられてい

るかを理解するのは、辞書で訳語を見つけるような単純なことではないのだ。だから例の 27
質問——日本人はなぜ「ノー」と言わないのか——は、訊くこと自体、ほとんどナンセン
スと言える。

（成甲書房刊『喋るアメリカ人 聴く日本人』ハル・ヤマダ著／須藤昌子訳）

内容を確認しよう

(1) オーナーにデートに誘われた「私」はどうして「ちょっと考えさせてください」(11行目) と言ったのですか。

(2)「こんなソフトな言い回し」(14行目) を使うことを筆者はどう思っていますか。

(3) ニクソン・佐藤会談では、どんな誤解が生じたのですか。

(4) 日本とアメリカでは「ノー」の使い方にどんな違いがありますか。

(5)「日本人以外にはとても『ノー』とは思えぬ言い回しでも、日本人にとっては紛れもない『否』を示す表現」(15行目) を本文の中から探しなさい。

(6) あなたの国の人以外にはとても「ノー」とは思えない言い回しでも、あなたの国の人にとっては紛れもない「否」を示す表現はありますか。

(7)「日本人はなぜ『ノー』と言わないのか——は、訊くこと自体、ほとんどナンセンスと言える」(28行目) とありますが、どうしてナンセンスなのですか。

意見を述べよう

「ノー」とはっきり言わずに「ノー」という意図を伝えることを、あなたはどう思いますか。

読んだあとで

▶▶次の文章を読んで、後の質問に答えてください。

私は大学生時代の夏休み日本人の観光客ガイドをしていた。あるとき、日本人のお客さんに「モンゴル人はあまり“ありがとう”と言わない民族ですね」と言われた。

どんな人間でも自分の生まれ育った土地と異なる文化の地に住み始めると、その地の文化を学び、身につけながら、母国の文化を再認識する。自国文化の中に今まで気づかなかった独特な生活のあり方や人間関係があることに気づく。

母国語※の使われ方がどのような社会規範や価値観を反映しているか、普段何気なく母国語を使っている母国語話者には気づきにくいが、外国語などとの比較を通して(→p. 157)その特徴が見えてくることもある。モンゴルではあまり感謝の言葉「ありがとう」を言わないのは事実だと思う。この言葉はだいたい店やレストランなどのサービス関係の営業をやっている人たちが客に対して使ったり、あるいは知り合ったばかりのまだ親しくない人同士がお互いに気を遣って言ったりするものだ。それも都会に限られている(→p. 143)。これはモンゴルの都会に人口が集中していることと、外国からいろいろな文化が入ってきていることと関係していると思う。

家族や友達、親友などに対して「ありがとう」と言わないのは日本人にとって[10]珍しいかもしれない。しかし、親しい相手に対して「ありがとう」と言えば、お互いの間に壁が出てきたような感覚、つまり(→p. 105)他人行儀（ぎょうぎ）のように感じられるのだ。

遊牧民族にとって、寄り添い、助け合うことはきれい事でもなんでもなく、生き抜いていくためには必要不可欠なのである。そんな独特の地理的、気候的な生活風景がモンゴル人の性格に影響を与え、現代でも日常的な行為ではあまり「ありがとう」と言わないと推測できる。モンゴル民族にとって「ありがとう」という言葉は本当に価値のある行為に対して言う言葉だと思う。

ただし、今はあまり耳にしないが、昔はモンゴルでは日常的なちょっとした行為に対してお礼を言う習慣があった。お礼を相手に伝えるとき、一つの単語ではなくて、詩あるいはひとつの文章で伝えていた。これはモンゴルの口承文芸のひとつであるユルール（祝詞）、マクタール（誉め言葉）などの韻文である。ユルールは、四季おりおりの労働や風俗習慣に託して、人々の幸福を祈ったものである。例えば、ある家を訪ね、お茶が供されると「沸いたお茶は黒砂糖になれ、訪ねた家は豊かになれ」と奥さんに対して言う。

子供が老人に対して何かをしてあげると、その老人が子供に対して「ああ、いい子だ。山より高い体と、海より深い学問をもった人になれ。」と将来の幸福を願って相手の好意に対する感謝の気持ちを表現する。こんな言い方をベルグ・デンベレリーン・ウグ（縁起のいい言葉）という。日本人は相手にその場その場ですぐにお礼を伝えながら、今後の付き合いを維持していく。それに対してモンゴル人は助けてもらってありがたいという気持ちを心にひめながら今後の長い付き合いを望むのではないかと思う。

（「JICAモンゴル日本センター月刊メールマガジン」2007年9月20日
『感謝の表現に反映したモンゴル・日本の異文化』日本語コーススタッフ　ガンボロル）

※ 言語学的には「母語」というべきところだが、ここでは原文のとおり「母国語」を使用した。（本書作成者）

(1) 文章の内容と合っているものに○、違っているものに×を書いてください。（解答p. 67）

a.（　　）海外で生活すると母国の文化についてあまり考えなくなる。

b.（　　）モンゴルでは親しい人に「ありがとう」と言うと、距離があるように受け取られる。

c.（　　）昔はモンゴルでも日常的に「ありがとう」と言った。

d.（　　）遊牧民にとって助け合うのは当たり前だから、現代のモンゴル人もあまり「ありがとう」と言わないのだろう。

e.（　　）モンゴルのレストランではどこでも客に対して「ありがとう」と言う。

(2) 日本に住んで、あるいは故郷を離れて、初めて気づいた自国の文化独特の生活習慣や人間関係のあり方というものがありますか。具体例を挙げて説明してください。

重要表現

■読んでみよう(p. 62)

1. 〜ようなものだ　(it is) like 〜　CD2-26

①人生とはマラソンの**ようなものだ**。大変な時があろうとも、長い道のりを最後まであきらめずに走りきることが大切なのである。
②月末までにレポートを提出しなければならないが、書きたいことはもう決まっている。半分終わった**ようなものだ**。

❶結婚とは＿＿＿＿＿＿＿＿＿＿＿＿＿＿＿＿ようなものだ。

❷＿＿＿＿＿＿＿＿＿＿＿＿＿＿＿＿＿＿＿なんて、お金をどぶに捨てるようなものだ。

2. 〜(よ)うものなら　if 〜 was/were to occur　CD2-27

①昔は、若い女性が男性と二人で出かけ**ようものなら**、町中の噂(うわさ)になったものだ。
②食事中、ひじをつこ**うものなら**、しつけに厳しい父に「行儀が悪い」と大声で叱られたものだ。

❶＿＿＿＿＿＿＿＿＿＿＿＿＿＿＿＿＿＿＿＿＿＿＿うものなら、白い目で見られる。

❷上司に逆(さか)らったりしようものなら、＿＿＿＿＿＿＿＿＿＿＿＿＿＿＿＿

＿＿＿＿＿＿＿＿＿＿＿＿＿＿＿＿＿＿＿＿＿＿＿＿＿＿＿＿＿

3. 〜かねない　will likely 〜　CD2-28

①曖昧(あいまい)な言い方をしたら誤解を招き**かねない**から、断るときははっきり言ったほうがいい。
②今回の国際会議の決議は、日本の経済に重大な影響を及ぼし**かねない**。

❶こんな服装で出かけたら、＿＿＿＿＿＿＿＿＿＿＿＿＿＿＿＿＿＿

❷こんなことを続けていたら、＿＿＿＿＿＿＿＿＿＿＿＿＿＿かねない。

4. 〜ものの　although 〜　CD2-29

①「郷(ごう)に入れば郷に従え」とは言う**ものの**、裸で入る温泉は今も苦手だ。
②畳にふとんを敷(し)いて寝てみた**ものの**、背中が痛くて寝られなかった。

❶偏見を持ってはいけないとわかってはいるものの、＿＿＿＿＿＿＿＿＿＿＿＿

＿＿＿＿＿＿＿＿＿＿＿＿＿＿＿＿＿＿＿＿＿＿＿＿＿＿＿＿＿＿

❷佐々木さんは一度は同意したものの＿＿＿＿＿＿＿＿＿＿＿＿＿＿＿＿

5. なんといっても　when all is said and done; after all　CD2-30

①愛子：ワインといえば、**なんといっても**フランスでしょう。
　和也(かずや)：えっ？ イタリアでしょ。
②彼はまだ若いが、**なんといっても**プロなんだから、彼の意見を聞くのは当然だ。

❶彼／彼女の魅力はなんといっても＿＿＿＿＿＿＿＿＿＿＿＿＿＿＿＿＿＿

❷北野さんは外国生活が長いけど、なんといっても日本人なんだから＿＿＿＿＿

＿＿＿＿＿＿＿＿＿＿＿＿＿＿＿＿＿＿＿＿＿＿＿＿＿＿＿＿＿＿

「デジカメを買うなら、なんてったってこれだよ」

6. とても〜 ない／ぬ　hardly 〜　CD2-31

①子供がそんなことをするなんて、**とても**信じられ**ない**。
②彼は、**とても**外国人とは思え**ぬ**ほど日本のしきたりをよく知っている。

❶「＿＿＿＿＿＿＿＿＿＿＿＿＿＿＿＿とてもこんなこと頼めないよ」

❷10時、11時まで残業するのがふつうだなんて、＿＿＿＿＿＿＿＿＿＿＿＿＿＿

○読んだあとで：解答
（1）a. ×　b. ○　c. ×　d. ○　e. ×

7. ～を めぐり／めぐって　concerning ～; in connection with ～; surrounding ～

CD2-32

①二酸化炭素の削減(さくげん)率**をめぐり**、各国首脳(しゅのう)は議論を重ねたが、合意は得られなかった。
②百年以上も続くその店は、跡継(あとつ)ぎの問題**をめぐって**姉と弟が対立している。

❶＿＿＿＿＿＿＿＿＿＿＿＿＿＿＿＿めぐり、
賛成派と反対派は議論を繰り返したが、どこまでも平行線だった。

❷金銭問題をめぐって、＿＿＿＿＿＿＿＿＿＿＿＿＿＿＿＿

8. ～に反して　contrary to ～　CD2-33

①私の予想**に反して**、そのイタリア人のジェスチャーは少しも大げさではなかった。
②発明者の意図**に反して**、それは兵器として戦争にも使われている。

❶世界的な傾向に反して、＿＿＿＿＿＿＿＿＿＿＿＿＿＿＿＿

❷＿＿＿＿＿＿＿＿＿＿＿＿＿＿＿＿
貿易摩擦(まさつ)を巡る対立が解消されることはなかった。

9. ～からといって　even if ～ is the case, it does not necessarily mean . . .　CD2-34

①親切にした**からといって**、必ずしも感謝されるわけではない。
②「ドイツ人だ**からといって**、何でもはっきり言うと思わないでね！」

❶日本人は会議であまり意見を言わないからといって、＿＿＿＿＿＿＿＿
＿＿＿＿＿＿＿＿＿＿＿＿＿＿＿＿

❷＿＿＿＿＿＿＿＿＿＿＿＿＿＿＿＿
その方法がいいとは限らない。

■読んだあとで(p. 64)

10. ～にとって／～にとってのN　for ～ / N for ～　CD2-35

①人間がされて嫌なことは、動物**にとって**も同じだろう。

②この夏、私**にとっての**一番の思い出は、新しいプロジェクトのため毎晩同僚たちと遅くまで仕事に打ち込んだことだ。

❶＿＿＿＿＿＿にとって＿＿＿＿＿＿＿＿＿＿＿＿＿＿は欠かせない。

❷仕事を選ぶとき、あなたにとって＿＿＿＿＿＿＿＿＿＿＿＿＿＿何ですか。

文法・語彙練習

1. **コミュニケーションに関する動詞** 下の□から適当な動詞を選び、必要なら形を変えて＿＿＿に書きなさい。また、（　）には「は」以外のひらがなを一つ入れなさい。

意味する	伝わる	催促する
誤解する	応じる	断る

①この地域では、首を横に振ることはイエス（　）＿＿＿＿＿＿。

②町の人たちはテレビのインタビュー（　）＿＿＿＿＿＿、外交政策に対する意見をはっきり述べていた。

③今度小沢（おざわ）さんに会ったら、前に貸したCDを早く返してくれる（　）（　）＿＿＿＿＿＿。

④留学したばかりのころは表現力が不足していたため、こちらの意図（　）＿＿＿＿＿＿ず、悔しい思いをした。

⑤私は留学しているとき、会話がうまくできないという理由で、レストランのアルバイト（　）＿＿＿＿＿＿れた。

⑥相手の言葉を聞き間違えて、質問の意味（　）＿＿＿＿＿＿しまった。

2. **副詞** 下の□から適当な副詞を選び、（　）に入れなさい。

ずいぶん	さすがに	まず	ずっと
要するに	おそらく	ぜったい	

①初めて会ったときから（　　　）彼女のことが気になっているが、今も気持ちを伝えられずにいる。

②「会議は9時ぴったりに始めますから、（　　　）遅れないでくださいね」

③昔はみんな親に対して言い訳もできなかったが、最近は友達のような口の利き方をする。（　　　）変わったものだ。

④一万人の観客の前で挨拶（あいさつ）させられて、（　　　）緊張したよ。

⑤「こんなにいい条件で働けるところは（　　　　　　　）ないよ。この会社に決めたら？」

⑥開発計画をめぐり市民の意見は二分(にぶん)しているので、選挙をしてみないとわからないが、（　　　　　　　）反対派が勝つでしょう。

⑦同僚A：頼まれていた仕事のことなんだけど、時間がなくて、他にも仕事が入って、だから……。

同僚B：（　　　　　　　）まだできてないってことなんだろう？

3. 形容詞　下の□から適当な言葉を選び、（　　　）に入れなさい。

単純	効果	曖昧(あいまい)	明確	否定	ソフト	ナンセンス

①彼は態度が（　　　　　　　）なので、いい印象を持たれることが多いが、実は強引なところがある。

②言葉を覚えるにはどんな方法が（　　　　　　　）的か、私はいろいろな方法を試してみた。

③文化には、優れた文化や劣った文化があるわけではなく、違いがあるだけだ。だから、文化に優劣(ゆうれつ)をつけるのは（　　　　　　　）だ。

④日本語の表現はときどき（　　　　　　　）で、イエスかノーかわかりにくいとよく言われる。

⑤（　　　　　　　）な目標があれば、問題が起きても乗り越えることができるだろう。

⑥私の小学校の先生は、生徒が何をしても（　　　　　　　）的な態度をとらず、まずは生徒を受け入れてくれた。

⑦（　　　　　　　）にGDPを比較するだけでは、各国の経済状態はわからない。

4. 否定表現　aとbのうち、適当な方を選びなさい。また、下線の部分を簡単な日本語に書き換えなさい。

①〔張(は)り紙(がみ)〕「（ a. 危険　b. どうぞ ）！　座るべからず！」

____

②思わぬ受賞で、（ a. 驚いた b. 予想どおりだった ）よ。

____

③あの店には二度と行くまい。（ a. 味も店の雰囲気も気に入った b. 店員の対応がひどかった ）から。

____

④ここではわかりかねます。（ a. しばらくお待ちください b. 向こうの窓口で聞いてください ）。

____

5. ～上がる／～上げる　下の[　　]から適当な動詞を選び、必要なら形を変えて______に書きなさい。

持ち上がる	持ち上げる	仕上がる	仕上げる
引き上げる	盛り上がる	見上げる	

①知恩院(ちおんいん)の鐘(かね)は70トンもあるそうだ。あんなに重い鐘をどうやって______________たのだろうか。

②論文を______________まで、デートはお預けだ。

③彼女は、消費税率を______________、高齢化に対処するという政策を掲(かか)げて立候補した。

④愛さんは明るくてにぎやかなラテン系なので、彼女がいると場が______________。

⑤この会社では、何か問題が______________場合、解決方法を考えるより先に、誰に責任があるかが議論される。

⑥このレシピどおりにすれば、プロ級の料理が短時間で______________。

⑦麻衣(まい)さんはとても背が高く、僕は彼女の肩くらいしかないので、立って話をするときはいつも______________ことになる。

6. ものなら／ものの／からといって　（　　）から適当なものを選びなさい。

①（　できる・できよう・できた　）ものなら違う時代に生まれたかった。

②そんなことを（　する・しよう・した　）ものなら、このクラブにはいられなくなる。とても厳しいクラブだから。

③３年間で言葉をマスターしてみせると言った（　ものの・ものだから　）、全く自信がない。

④テストがあんまり難しかった（　ものの・ものだから　）、途中で諦めて帰ってきてしまった。

⑤英語の検定試験に合格している（　ことからいって・からといって　）、英語を使って仕事ができる能力の証明にはならない。

⑥調査の結果、成績が下がると勉強をする気がなくなることがわかった。（　そのことからいっても・だからといって　）、学習指導は特に重要であると言える。

7. 語彙の選択　（　　）から適当な方を選びなさい。

①首脳会議で合意に至らなかったとしても、国と国との関係に（　対立・ひび　）が入ることはないだろう。

②先生は学生の遅刻の言い訳を聞いて、（　笑い・苦笑　）まじりに「わかりました」と言った。

③子供のためだと思って留学させたが、外国での生活はストレスが多く、子供に辛い（　思い・感じ　）をさせてしまった。

④（　その気・やる気　）はなかったが、食事くらいならいいだろうと、上司の誘いを受けてしまった。

⑤彼は入社して10年になるが、同僚に対しても他人（　行儀・儀式　）で、みんなと距離を置いている。

8. 体の部位を使った慣用句　下の□から適当な言葉を選び、適当な形に変えて＿＿＿に書きなさい。また、（　　）には「は」以外の助詞を入れなさい。

痛い	重い	傾ける	滑らす	疑う	巻く	する	立つ

①仕事の話になると、中村さんは口（　　）＿＿＿＿＿＿＿なる。何か話したくないことがあるのだろうか。

②彼女のためにサプライズパーティーを計画していたのに、私はうっかり口（　　）＿＿＿＿＿＿＿しまった。

③涼太（りょうた）は小学生なのに計算がとても速くて正確だ。大学生の私でも歯（　　）＿＿＿＿＿＿＿ない。

④私は彼らの働きぶりを見て、舌（　　）＿＿＿＿＿＿＿。効率的で、かつ、非常に丁寧である。

⑤視野を広げるためには、文化的な背景が違う人の意見に耳（　　）＿＿＿＿＿＿＿ことが大切だ。

⑥新婚旅行から帰ってきた空港で彼女は離婚したいと言った。僕は耳（　　）＿＿＿＿＿＿＿。

⑦先日の食事会で食事のマナーの悪さが話題になったが、マナーに自信のない私は耳（　　）＿＿＿＿＿＿＿。

⑧彼が転職したという噂（うわさ）を耳（　　）＿＿＿＿＿＿＿が、詳しいことはわからない。

9. 「よう」を使った表現　（　　）の中の言葉を、「よう」を使って適当な形に変えなさい。

①「お年寄りに席をお譲（ゆず）り（ください →　　　　　　　　　）お願いいたします」

②明日のプレゼンで（慌てる →　　　　　　　　　）、しっかり準備しておこう。

③彼が予想（する →　　　　　　　　　）、世の中が進んでいく。

④最近は食後のたばこが我慢（する →　　　　　　　　　）た。この調子なら禁煙できるかもしれない。

⑤日本語の勉強のためにテレビドラマを（見る →　　　　　　　　　）。おかげで最近は、だいぶ聞き取れるようになった。

⑥彼に連絡（する →　　　　　　　　　）が、携帯に登録していなかったことに気づいて諦（あきら）めた。

ユニット

5

心と体のバランス

読む前に

1 あなたは健康的な生活をしていますか。当てはまるものに✓をつけてみましょう。また、この他に何か特別に心掛けていることがありますか。

〈食事〉
- □ 朝ご飯は欠かさずに食べる。
- □ 間食はできるだけしない。
- □ 食べすぎないようにしている。
- □ ほぼ決まった時間に食事をとる。
- □ 栄養のバランスを考えて食べる物を選んでいる。
- □ 冷たい物を食べたり飲んだりしない。
- □ お酒を飲みすぎない。

〈睡眠〉
- □ 十分な睡眠をとっている（7時間程度）。
- □ 早寝早起きを心掛けている。

〈運動〉
- □ エレベーターには乗らずに、階段を使うようにしている。
- □ 毎日よく歩く。
- □ 週に一度は積極的に運動をする。

〈その他〉
- □ 自分の理想の体重を維持している。
- □ 1日に3回、歯みがきをしている。
- □ テレビは1日3時間以上見ない／ゲームは1日3時間以上しない。
- □ ストレス解消のために何かをしている。（　　　　　　）
- □ たばこを吸わない。
- □ 外から帰ったら、手洗いをしている。

あなたは✓がいくつありましたか。

15～18	あなたの健康に関する注意はほぼ完璧です。 これからも健康管理をしっかり続けましょう。
10～14	努力はしているけれど、あと一息。 もう少しだけ毎日の健康に気をつけて。
5～9	もっと自分の体に関心を持って。 今日から生活をできるだけ改善しよう。
0～4	このままでは体がかわいそう。 体調を崩す前に、生活を一から見直すこと。

2 次の文には「心」と「魂(たましい)」を使った慣用句が使われています。どんな意味か考えて、別の言葉で言い換えましょう。

a. 子供のころ、誕生日には、どんなプレゼントがもらえるだろうかと心を躍らせた。

b. 友人にお金を貸してほしいと言われたが、心を鬼にして断った。

c. 今年こそは心を入れ替えて、勉強に励もうと思う。

d. 私には、数年前から心を寄せている同僚がいたが、その人は先月、別の人と結婚してしまった。

e. 辛かったとき、友達から心に残る温かい言葉をかけてもらった。

f. 子供が学校でいじめられていることに、私はとても心を痛めている。

g. 生きる目標を失った彼は、魂が抜けたようだ。

h. この絵には、画家の魂が宿っていると言われている。

3 次の「　　」のことわざや言葉はどういう意味ですか。

a. 「病は気から」と言うように、何事も気持ちの問題だよ。

b. 「酒は百薬の長」と言われるが、飲みすぎはよくない。

c. 「暴飲暴食」は体を壊すよ。「腹八分目、医者いらず」って言うでしょ。

4 あなたの国には、健康に関するどんなことわざや表現がありますか。そのことわざや表現とその日本語の意味を書いてください。

健康病が心身をむしばむ

病気というものはいずれにしろ不愉快なものであるが、最近流行の「健康病」というのは、定義どおり、本人は病気とは思っていないので、それによる被害が潜行するところが恐ろしい。健康病とは[1]、簡単に言ってしまうと、ともかく「健康第一」で、そのことにひたすらかかずらわり※、他のことは無視してしまう。それから生じる近所迷惑などお構いなし、という点で「ほとんど病気」の状態であるが、本人はそれに無自覚である場合のことを言う。

たとえば、Aさんは食事に関して極めてうるさい。と言っても[2]味のことではない。何かの本でコレステロールが悪いと読むと、コレステロールを目の仇にして、これはよくないとか、これは食べすぎてはならない、とかやっているが、今度は、友人からコレステロールも有益であるなどと聞くと、急に不安になってきて、あちこちの栄養学の本を読みはじめる。そして、「適度のコレステロール量とは何か」という、Aさんにとっては人生の大問題につき当(あた)る。「専門家は勝手なことを言って当てにならない」と嘆く。自分なりの計算に基づいて、あれがよいとか悪いとか言いはじめる。これを食事の度に[3]聞かされている家族は、せっかくの食事のときの楽しみを奪われるし、そもそも[4]Aさん自身が食事を味わうという楽しみを放棄してしまっていることになる。

Aさんの健康に関して、特にその食事に関しての心配が、Aさんの心も家族の心をも蝕(むしば)んでいるのだ。言うなれば、Aさんの心のはたらきは、健康に関すること以外の点では、ほとんど機能を停止しているのだから、これを病気と言わなくて何と言えるだろう。

健康病の恐ろしさは、伝染性をもつことであるし、そもそも健康病の人は他人に伝染させることを生き甲斐にしているようなふしがある[5]。煙草はよくないとか、酒はほどほどに飲むべきだ[6]などと、いかにも[7]親切そうに伝染を試みてくる。他人のことはほっておいて※くれ、と言いたいが、なかなかそうはさせてくれない。どうして、健康病の人は他人のことを気にするのか。それは自分のことが何となく不安なのである。健康第一にしがみついていても、何となく不安なので、どうしても仲間をつくり、しがみつく相手を増やしたいのである。（略）

いったいどうしてこんなことになったのであろう。（略）われわれがこれまで言われてきた「心」に関する価値を、それほど評価できなくなってきていることと関係がありそうである。忠義とか孝行とか、かつては最高の価値をもっていたものも、今は下落してしまっ

27 た。だから昔はよかったなどとわめいてみても、このようなものが今更人の心を惹(ひ)きつけることはないであろう。親切とか愛情とか言っても、この競争の激しいときに、そんなことを言っておられないと言われそうである。

30 昔、ギリシャの時代には、体と心と魂という三つの要素によって、人間はできあがっていると考えられていたという[8]。この考えを援用すると、現代人は「心」に失望しつつ[9]、魂の重要性を再び認識しかけている[10]のだが、そんなものは知らぬので、それをとび越えて、「体」をやたらに大切にするのではなかろうか。最も重要な魂のことを知らぬことから生じてくる不安を何とかごまかそうとして、体を大切にする。こんなふうに考えていると、ジョギ
35 ングなどしている人に[11]「宗教的情熱」を感じさせられることがあるのも、うなずけるのである。魂のことに思い及ぶことで、健康病からの回復がなされるように思うのである。

（新潮社刊(しんちょうしゃかん)『こころの処方箋(しょほうせん)』河合隼雄(かわいはやお)著(ちょ)）

※ かかずらわる＝かかずらう　ほっておく＝ほうっておく

内容を確認しよう

(1)「健康病」とは何ですか。自分の言葉で説明しなさい。

(2)「コレステロールを目の仇にする」（7行目）とはどういう意味ですか。

(3) Aさんの「人生の大問題」（10行目）とは何ですか。

(4) Aさんが食事をするとき、周りの人が困ることは何ですか。また、あなたの周りにAさんのような人がいますか。

(5)「これを病気と言わなくて何と言えるだろう」（17行目）は次のどの意味ですか。

a. これは病気ではない
b. これは病気かもしれない
c. これは病気だ

(6) 筆者は、健康病の恐ろしさは何だと述べていますか。

(7) 健康病の人は、なぜ他人のことを気にするのですか。

(8) 筆者は、健康病の原因は何と関係がありそうだと述べていますか。

(9) 筆者は、健康病から回復するためにはどうすればいいと述べていますか。

(10) 次の文は、「昔」と「現代」のどちらについて述べていますか。

①健康病が流行している。 （ 昔・現代 ）
②「心」に関する価値を評価している。 （ 昔・現代 ）
③忠義や孝行は最高の価値の一つである。 （ 昔・現代 ）
④競争が激しい。 （ 昔・現代 ）
⑤「心」に失望している。 （ 昔・現代 ）
⑥「魂」とは何か、わからない。 （ 昔・現代 ）

意見を述べよう

健康病になる原因は何だと思いますか。また、健康病から回復するためにはどうすればいいと思いますか。あなた自身の考えを述べなさい。

読んだあとで

▶▶次の文章は、「『病は気から』の心理」というタイトルの文章です。文章を読んで、以下の問題に答えなさい。

1 子どものころ、朝起きて「学校に行きたくないなあ……」なんて思っているうちに頭やお腹が痛くなってきた、そんな経験は誰にでもあると思う。

こうした体の不調は、もちろん心理的に作り出されたものだ。「学校に行きたくない」と思う気持ち、社会人ならば「会社に行きたくない」と思う気持ちが無意
5 識のうちに「病気になれば休める」という心理を生み、この心理が体に作用することで、わたしたちは頭痛や腹痛を覚えるようになるのである。(略)

あの頭痛や腹痛は、たいてい一時的なものであるが、また他人からは仮病(けびょう)と見なされるかもしれないが、立派な心因性の病気の一種なのだ。「病は気から」という言葉の、最も身近な、最もよくある例といっていい。(略)

10 薬効のないクスリが効く不思議

心理的要因が多少なりとも病気の症状に影響を及ぼすことは、新薬の臨床試験において、「プラセボ効果」(またはプラシーボ効果)と呼ばれる現象が見られることからも明らかである。

プラセボとは偽薬、(①　　　　　)見た目は薬理作用を持つ薬とそっくりだが、
15 実際には薬効のない物質のことで、このプラセボが治療効果を持つことをプラセボ効果と呼ぶ。

とはいえ、ごく単純に考えれば、偽薬であるプラセボに治療効果があるはずはない。

(②　　　　　)、実に興味深いことに、実際に実験してみると、被験者に薬と
20 して薬効のないプラセボを投与しただけでも、決して無視できない割合で治療効果、さらには副作用(ふくさよう)さえも現れることがある。偽薬としてただの乳糖や生理食塩水を投与しただけなのに、被験者の痛みが消えたり、血圧が下がったりするのだ。

12

プラセボがどの程度作用するかは、病気の種類によって異なるが、(③　　　　　)痛みの場合には、だいたい30%くらいの人にプラセボ効果が現れるという。また

人によって、プラセボ効果が現れやすいタイプと、現れにくいタイプとがあるらしい。

（④　　　　　）心理的要素をぬきに、プラセボ効果を説明できるだろうか？

プラセボ効果と人間の心理

プラセボ効果のメカニズムは、まだはっきりとはわかっていない。だが、心理的要素に限って(→p. 143)言えば、まず第一に「暗示」による効果が大きいのではないかと考えられている。

具体的に言うと、実験者が試験に際して「これから○○の薬を投与します」と説明をする。（⑤　　　　　）、こうした言葉が暗示となって働くことによりプラセボ効果が現れるというわけだ。特に、他人の言葉を信じやすい人、とりわけ医師のように権威のある人の言葉を信じやすい被暗示性の高い人ならば、かなりの確率でプラセボ効果が現れる。

また、「期待」によって生じる効果もあるようだ。プラセボの投与にともなって「薬を飲んだ（注射した）からには効果が現れるはず」という期待感が心に芽生え、この気持ちがプラセボ効果を生み出すのである。実際、薬の効用を素直に信じている人（＝治療効果に期待を持っている人）は、効用を疑っている人（＝治療効果に期待が薄い人）に比べて、プラセボ効果が現れやすい。

こうしてプラセボ効果について見てみると、わたしたちの病気がいかに(→p. 107)心理的要因に左右されているか、実によくわかる。簡単にまとめれば、不安や緊張など、精神の安定を揺るがす心理状態こそが、まさに、さまざまな体の不調を作り出す「病は気から」のモトであるといえよう。

（日本実業出版社刊『つい、そうしてしまう心理学』深堀元文著）

(1) 文章の内容と合っているものに○、違っているものに×を書いてください。（解答p. 88）

a. (　　) 学校や会社に行きたくないという気持ちが原因で、頭痛や腹痛が起こることがある。

b. (　　) 学校や会社に行きたくないという気持ちが原因で起こる頭痛や腹痛は仮病（けびょう）である。

c. (　　) プラセボは、治療効果があるので、医師によって処方されている。

d. (　　) プラセボを飲んで、病気が改善したり副作用が出たりすることがある。

e. (　　) プラセボ効果は暗示にかかりやすい人に現れやすい。

f. (　　) 薬の効果を期待している人ほど、プラセボ効果が現れにくい。

g. (　　) 不安や緊張は、体の不調をもたらす。

(2) 文中の①〜⑤の（　　　　）に入る言葉を下から選んでください。（解答p. 88）

すなわち	たとえば	はたして	すると	ところが

(3)「病は気から」という現象の本文以外の例を、一つ挙げてください。

(4)「プラセボ効果」とは何か、それを知らない人にわかるように説明してください。

(5)「プラセボ効果」と、「暗示」および「期待」との関係について、本文でどのように書かれているか、自分の言葉でまとめましょう。

重要表現

CD2 Track 36-47

■読んでみよう(p. 79)

1. ～と(いうの)は…… ことを言う／ことだ　～ means . . . ; ～ refers to . . .　CD2-36

①食中毒**とは**、有害なものが含まれた食べ物を食べたことによって、頭痛や発熱、下痢(げり)が起こる**ことを言う**。
②おたふく風邪**というのは**、ムンプスウイルスの感染によって起こる病気の**ことである**。

❶アルコール依存症(いぞんしょう)とは＿＿＿＿＿＿＿＿＿＿ことを言う。
❷副作用(ふくさよう)というのは、＿＿＿＿＿＿＿＿＿＿ことである。

2. と言っても　nevertheless　CD2-37

①スポーツは体にいい。**と言っても**、やりすぎれば体を壊すことになる。
②風邪をひいて食欲がない。**と言っても**、大好きなラーメンなら大盛りが食べられる。

❶赤ワインを飲むと長生きすると言われている。と言っても、＿＿＿＿＿＿＿＿＿＿
＿＿＿＿＿＿＿＿＿＿

❷＿＿＿＿＿＿＿＿＿＿
と言っても、やはり3時ごろになると、おやつが欲しくなる。

3. ～度に　every time (when) ～; every ～　CD2-38

①日本語での発表の**度に**、私は非常に緊張してしまう。
②体重計に乗る**度に**がっかりする。ジョギングの成果が現れないからだ。

❶＿＿＿＿＿＿＿＿＿＿度に、深酒(ふかざけ)をしてしまう。
❷＿＿＿＿＿＿＿＿がたばこを吸っているのを見る度に、＿＿＿＿＿＿＿＿＿＿
＿＿＿＿＿＿＿＿＿＿

インフルエンザにかからないよう、外出先から帰ったら、そのつど、手洗いとうがいをしたほうがいい。

4. そもそも　in the first place; to begin with; originally　CD2-39

①「これは**そもそも**彼が言い出したことなのに、その彼が参加していないとはどういうこと？」
②友人は僕にいろいろな禁煙方法を勧めてくれるが、**そもそも**、僕はたばこをやめたいなんて思っていない。

❶子供は、そもそも＿＿＿＿＿＿＿＿＿＿＿＿。
それなのに、小学生の弟は、うちでゲームばかりしている。

❷＿＿＿＿＿＿＿＿＿＿のは、そもそも、彼女にやる気がないからだ。

本校はもともと男子校だったが、最近、共学になった。

5. 〜ふしがある　there are some indications that 〜; it seems that 〜　CD2-40

①風邪をひいたという連絡があったが、同僚の話では昨日友人と朝まで飲んでいたらしい。どうも仮病(けびょう)を使っている**ふしがある**。
②うちの犬は自分を人間だと思っている**ふしがある**。他の犬を見ても無視するのだ。

❶何も言わないが、彼はそのことを＿＿＿＿＿＿＿＿＿＿ふしがある。

❷彼はこの仕事にまじめに取り組んでいない。＿＿＿＿＿＿＿＿＿＿と
思っているふしがある。

6. 〜べきだ／〜べきではない　should 〜; ought to 〜 / should not 〜; ought not to 〜　CD2-41

①この国の人々は、環境問題にもっと目を向ける**べきだ**。
②たとえ体力に自信があったとしても、冬山では無理をする**べきではない**。

❶＿＿＿＿＿＿＿＿＿＿ので、私の国の政府は、
＿＿＿＿＿＿＿＿＿＿べきだ。

❷中学生は、＿＿＿＿＿＿＿＿＿＿べきではない。

7. **いかにも〜そうだ**　**it seems as if 〜; it really seems to 〜**　CD2-42

①この健康器具は、いろいろな機能があって、**いかにも**高**そうだ**。
②彼は**いかにも**丈夫**そうな**体をしている。

❶彼女はいかにも＿＿＿＿＿＿＿＿＿＿＿＿＿＿＿＿＿＿＿＿
❷栄養ドリンクは、いかにも＿＿＿＿＿＿＿＿＿＿が、実は一時的なものだ。

8. **〜という**　**it is said that 〜; they say 〜**　CD2-43

①脳科学の発達はめざましいが、解明されていないことはまだまだ多い**という**。
②女性の大学進学率は年々伸びている**という**。

❶国際結婚は＿＿＿＿＿＿＿＿＿＿＿＿＿＿＿＿＿＿＿＿という。
❷高校生の就職率は、＿＿＿＿＿＿＿＿＿＿＿＿＿＿＿＿＿＿という。

9. **〜つつ**　**while 〜**　CD2-44

①健康のためには、適度なスポーツをし**つつ**、食事にも気を遣うのがいい。
②いい人間関係を保ち**つつ**、自由に意見が言える職場がベストだ。

❶いつも体のことを考えつつ、＿＿＿＿＿＿＿＿＿＿＿＿＿＿＿＿＿＿
❷人は、＿＿＿＿＿＿＿＿＿＿＿＿＿＿＿人生の目的を見つけるものだ。

手紙やメニューなど、手書きのよさが見直されつつある。

10. **〜かける／〜かけのN**　**begin to do 〜 / N that (someone) had started to 〜**　CD2-45

①風邪はひき**かけた**ときに注意すれば、ひどくならなくて済む。
②ベッドのそばには、読み**かけの**本がたくさん置いてある。

❶晩ご飯を＿＿＿＿＿＿＿＿＿＿＿＿＿＿＿＿ときに、お客さんが来た。
❷忙しいので、＿＿＿＿＿＿＿＿かけの＿＿＿＿＿＿＿＿が、たまっている。

「このパンは、おいしいですよ。焼きたてですから」

11. ～に…を 感じさせられる／考えさせられる　be made to feel/think . . . by ～

CD2-46

① 子供たちの笑顔**に**将来への希望**を感じさせられる**。

② 世界の戦争の歴史**に**、民族問題の複雑さ**を考えさせられる**。

❶ 献身(けんしん)的に父の介護(かいご)をする母に、＿＿＿＿＿＿＿＿＿＿＿＿を感じさせられる。

❷ 相次(あいつ)ぐ少年犯罪に＿＿＿＿＿＿＿＿＿＿＿＿＿＿＿＿を考えさせられる。

■読んだあとで(p. 82)

12. さらには　additionally; further

CD2-47

① 登山は体力、**さらには**精神力の強化につながる。

② このお茶は体を温め、**さらには**疲労回復にも作用する。

❶ 運動不足は中高年だけではなく、10代、20代、さらには＿＿＿＿＿＿＿＿＿＿

でも問題になっている。

❷ 父は入院した母に代わってほとんどの家事をこなし、さらには＿＿＿＿＿＿＿＿

＿＿＿＿＿＿＿＿＿＿＿＿＿＿＿＿

○読んだあとで：解答

（1）a. ○　b. ×　c. ×　d. ○　e. ○　f. ×　g. ○

（2）①すなわち　②ところが　③たとえば　④はたして　⑤すると

文法・語彙練習

1. ～させられる／～される　例のように（　　　）の中の動詞の形を変えなさい。

例）テレビのアナウンサーの言葉を聞いて、言葉の使い方について（考える → 考えさせられ　）た。

①飢餓（きが）のニュースを見て、日ごろの生活について（反省する →　　　　　　　　）た。

②彼の子供のころの苦労話には、（泣く →　　　　　　　　）た。

③国の健康保険制度についてのドキュメンタリー番組を見て、多くの問題があることに（気づく →　　　　　　　　）た。

④飼い犬が手術をしたが、数日で退院できた。動物の回復力には（驚く →　　　　　　　　）た。

⑤電車で騒ぐ子供を注意しない親を見て、嫌な気分に（する →　　　　　　　　）ことがある。

2. ～とは／～というのは　下の[　　]から適当な言葉を選び、（　　　）に入れなさい。ただし、答えは一つとは限りません。

というと　　といえば　　というのは　　といっても　　というのも

①「出社拒否」（　　　　　　　　）、会社に行けない心の病気のことです。

②日本の祭（　　　　　　　　）、祇園祭（ぎおんまつり）が頭に浮かぶ。

③最近、睡眠不足だ。（　　　　　　　　）、レポートの締め切りが来週で、そのためにがんばっているからだ。

④彼はビールが好きで、ビールなしの生活は考えられないと言っている。（　　　　　　　　）、毎日飲むわけではない。

⑤患者：最近、寝不足が続いているんです。

医者：（　　　　　　　　）？

患者：一度は寝るんですけど、2時間後ぐらいに目が覚めて、それから眠れないんです。会社の人間関係のストレスのせいでしょうか。

3. ～かけ／～たて （　　）から適当な方を選びなさい。

①結婚し（　かけ・たて　）のころは、料理が手際(てぎわ)よく作れなかった。

②てんぷらはあげ（　かけ・たて　）が、おいしい。

③編み（　かけた・たてた　）セーターがたんすの中に眠っている。

④本を読み（　かけた・かける　）ときに、電話がかかってきた。

⑤飲み（　かけ・たて　）のコーヒーが、テーブルに置いてある。

4. 動詞　下の［　］から動詞を選び、必要なら形を変えて＿＿＿に書きなさい。

嘆く	わめく	ほっておく	失望する	ごまかす

①彼は正直な人だと思っていたのに、人の物を盗むなんて、私は彼に＿＿＿＿＿＿＿＿＿た。

②「毎日がつまらないと言って＿＿＿＿＿＿＿＿よりも、何か興味があることを始めたらどう？」

③＿＿＿＿＿＿＿＿たら、中学生の息子は朝までゲームをしていることがある。

④失敗を笑って＿＿＿＿＿＿＿＿態度は許せない。もっと真剣に考えるべきだ。

⑤デパートで子供がおもちゃを買ってもらえず、泣き＿＿＿＿＿＿＿＿ていた。

5. 副詞　（　　）から適当なものを選びなさい。

①親に反対されたが、私は（　ほどほどに・なんとなく・どうしても　）留学したいと思った。

②（　ひたすら・なんとなく・どうしても　）体がだるいと思ったら、熱があった。

③彼女は、手術の成功を（　ひたすら・ほどほどに・どうしても　）願った。

④仕事は（　ひたすら・やたらに・ほどほどに　）したほうがいいよ。体を壊すよ。

⑤彼はきちんと食事をとらず、（　やたらに・どうしても・なんとなく　）栄養ドリンクを飲んでいるので、彼の健康が心配だ。

6. **～つく**　下の□から最も適当な動詞を選び、必要なら形を変えて＿＿＿に書きなさい。

泣きつく	かみつく	しがみつく	思いつく	飛びつく

①夜道は怖いので、子供は父親に＿＿＿＿＿＿＿＿＿歩いていた。

②弟が餌(えさ)を持っていくと、犬は喜んで弟に＿＿＿＿＿＿＿＿＿た。

③犬はぬいぐるみに＿＿＿＿＿＿＿＿＿、離さなかった。

④いいアイデアが＿＿＿＿＿＿＿＿＿ない。

⑤生活するお金がなくなってしまったので、彼は親に＿＿＿＿＿＿＿＿＿、お金を貸してもらった。

7. **～つける**　下の□から最も適当な動詞を選び、必要なら形を変えて＿＿＿に書きなさい。

踏みつける	押さえつける	投げつける	押しつける	惹(ひ)きつける

①自分の考えを人に＿＿＿＿＿＿＿＿＿のはよくない。

②政府は反対派を武力で＿＿＿＿＿＿＿＿＿た。

③彼は腹を立てて、物を壁に＿＿＿＿＿＿＿＿＿た。

④花壇(かだん)の花を誰かが＿＿＿＿＿＿＿＿＿たようで、花がぺちゃんこになっている。

⑤彼の話は面白く、人を＿＿＿＿＿＿＿＿＿魅力がある。

8. **無～**　①～⑤の反対の言葉を＿＿＿に書きなさい。

例）無自覚な　⇔　自覚がある

①　無計画な　⇔　＿＿＿＿＿＿＿＿＿

②　無意味な　⇔　＿＿＿＿＿＿＿＿＿

③　無関心な　⇔　＿＿＿＿＿＿＿＿＿

④　無効の（な）　⇔　＿＿＿＿＿＿＿＿＿

⑤　無料の　⇔　＿＿＿＿＿＿＿＿＿

9. 類似表現　次の①～③の文と同じ意味の文を、a～dからそれぞれ一つ選びなさい。

①喫煙する人は周りの迷惑などお構いなしだ。

a. 喫煙する人は周りの人に迷惑をかけることを気にする。
b. 喫煙する人は周りの人に迷惑をかけても気にしない。
c. 喫煙する人は周りの人に迷惑をかけられることを気にする。
d. 喫煙する人は周りの人に迷惑をかけられることを気にしない。

②あの人の言うことは当てにならない。

a. あの人の言うことは正しい。
b. あの人の言うことは正しくない。
c. あの人の言うことは信頼できる。
d. あの人の言うことは信頼できない。

③彼女が自分の夫に怒りを覚えるのもうなずける。

a. 私は彼女が自分の夫に怒りを感じる気持ちが理解できる。
b. 私は彼女が自分の夫に怒りを感じる気持ちが理解できない
c. 彼女は自分の夫に怒りを感じる自分を正しいと思っている。
d. 彼女は自分の夫に怒りを感じる自分を正しいと思っていない。

10.「目」の慣用句　下の□から最も適当な慣用句を選び、必要なら形を変えて＿＿＿に書きなさい。

目を疑う	長い目で見る	目が高い	大目に見る
目が回る	目の仇にする	目の色を変える	

①初めての失敗なので、上司は私を＿＿＿＿＿＿＿＿くれた。

②＿＿＿＿＿＿＿＿ば、この失敗もいい経験だと言えるだろう。

③彼女は＿＿＿＿＿＿＿＿から、安物をあげたらすぐばれるよ。

④＿＿＿＿＿＿＿＿ほど忙しい。

⑤マンションの広告を見て、その値段の高さに＿＿＿＿＿＿＿＿た。

⑥彼はそれまであまり勉強していなかったが、医学部の受験を決心すると、＿＿＿＿＿＿＿＿勉強し始めた。

⑦ダイエット中の彼は、高カロリー食品を＿＿＿＿＿＿＿＿、全く食べない。

ユニット

6

12345678

働くということ

読む前に

1 次の資料は、大学生の「仕事を選ぶ基準」についてのアンケート結果です。あなたが仕事を選ぶときの基準は何ですか。

企業を選ぶ際に重視する点 (3年生・2010年11月)			就職決定企業に決めた理由 (4年生・2011年6月)		
1	将来性がある	44.2%	1	仕事内容が魅力的	42.3%
2	職場の雰囲気が良い	40.3%	2	職場の雰囲気が良い	35.6%
3	仕事内容が魅力的	39.6%	3	社会貢献度が高い	32.5%
4	社会貢献度が高い	29.4%	4	福利厚生が充実している	23.7%
5	福利厚生が充実している	27.3%	5	給与・待遇が良い	19.6%
6	企業理念に共感できる	21.0%	6	希望の勤務地で働ける	19.6%
7	給与・待遇が良い	19.9%	7	業界順位が高い	17.7%
8	教育・研修制度が充実している	19.8%	8	高いスキルが身に付く	17.7%
9	希望の勤務地で働ける	19.6%	9	若手が活躍できる	17.0%
10	世の中に影響力が大きい	19.6%	10	有名企業である	16.4%

(株式会社ディスコ「日経就職ナビ 就職活動モニター調査」)

2 次のグラフは、朝日新聞社が主要企業を対象に、新卒採用において何を重視するかについて調査した結果です。

調査対象：主要企業100社

調査方法：選択肢から３つ選んで回答

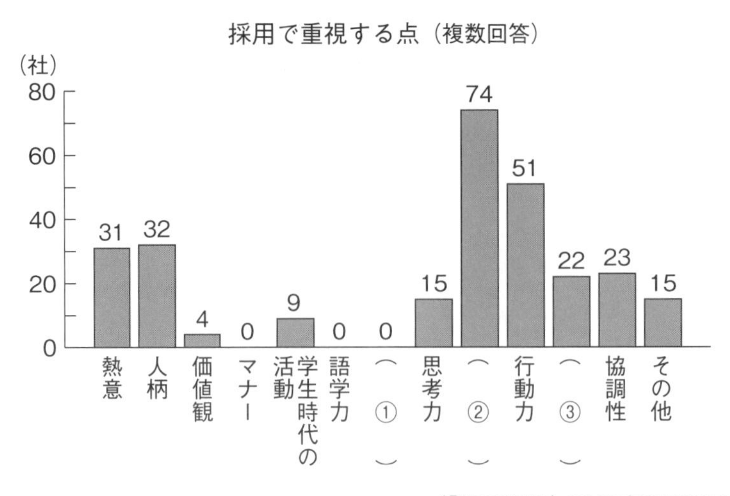

（「朝日新聞」2009年3月29日）

(1) グラフの①〜③に当てはまると考えられるものを、下のa〜cから選んでください。また、その理由も説明してください。

a. 成績　　b. 責任感　　c. コミュニケーション能力

(2) あなたの国では、会社に採用されるとき、どんなことが重視されますか。

(3) あなたは将来どんな仕事につきたいですか。

3 **次の図は、日本の大学生の就職活動の一般的なスケジュールです。あなたの国の就職活動はどのように行いますか。**

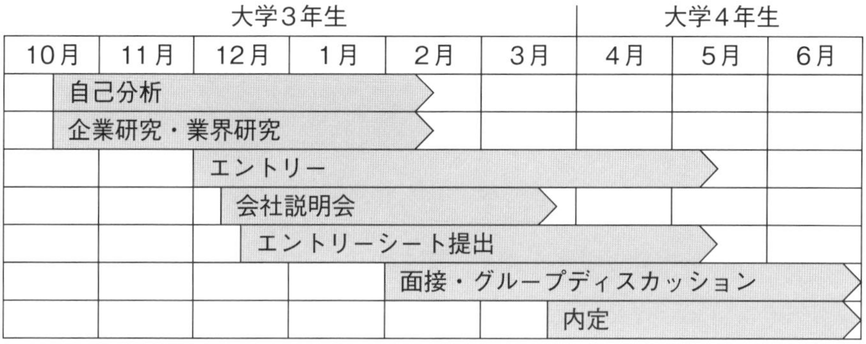

大学3年生						大学4年生		
10月	11月	12月	1月	2月	3月	4月	5月	6月
自己分析								
企業研究・業界研究								
		エントリー						
		会社説明会						
		エントリーシート提出						
				面接・グループディスカッション				
					内定			

※2012年現在

4 **次の表は、日本企業に留学生を採用する理由を聞いた結果です。外国人のどのような特性が期待されているのか、話し合ってみましょう。**

(%)

国籍に関係なく優秀な人材を確保するため	65.3
事業の国際化に資するため	37.1
職務上、外国語の使用が必要なため	36.4
外国人ならではの技能・発想を採り入れるため	9.4
日本人では高度な人材が集まらないため	3.8
外国人の方が人件費コストが低く抑えられるため	0.7
その他	5.7
特に理由はない	5.5

（独立行政法人労働政策研究・研修機構「日本企業における留学生の就労に関する調査」2009年6月）

「驚き」や「喜び」を食べて育つ

1976年、高校２年の時、最初に手に入れたコンピュータ「ポケコン」でプログラミングに明け暮れていた頃の話を、岩田(いわた)[*1]はネット上のメディア「ほぼ日刊イトイ新聞」で述懐している。（略）

岩田　たまたま高校時代に、数学とかの授業の席が隣だった友達が、ちょっと面白いやつで、一緒に数学の授業を聞かないでゲームをやって遊んでたんです。

糸井(いとい)　その子も、コンピュータが好きだったんですか？

岩田　その子は……何ていうか、私が作ったものを喜んでくれる、私にとっての最初のお客さんなんです。ユーザー第１号なんですよ。

糸井　つまり[1]、お笑いの得意なやつに、笑ってくれるやつがいたように——。

（中略）

岩田　人間はやっぱり、自分のやったことを褒めてくれたり喜んでくれたりする人がいないと木には登らないと思うんです。ですから、高校時代に彼と出会ったことは、私の人生にすごく影響を与えているんだと思いますね。

この高校時代の風景は、岩田の原体験となり、任天堂の社長業に連なる。任天堂のモチベーションは「儲かりたい」ということなのかと問うた時、岩田はこう話した。
「受けたいんですね、要は人々に。受けたいからやっていて、そしてその受けてくれるお客さんの数が多いほど、私たちは自分たちの仕事の達成感が大きくなる。任天堂の意図はあくまでお客さんに喜んでもらうこと。我々が作ったものでお客さんにニコニコしてもらうことです」

岩田はDSがヒットし、Wiiを発売した頃、よく社内に向けてニコニコの連鎖の話をしていた。ゲームが面白いというニコニコ、親子の会話が増えたというニコニコ、おじいちゃんが歳をとっても明朗快活でいられるというニコニコ、何でもいいからお客さんが笑顔でいられることを目指す。そのやりがいで任天堂の社員もニコニコできる。

結果として[2]商品が売れ、取引先の人もニコニコし、業績が上がれば投資家もニコニコする。

その連鎖が任天堂の究極のミッションであり、連鎖がうまく回れば任天堂は持続可能な組織となり、社会に対しても責任を果たしていける。すべて綺麗にかみ合うよね、と。 25

つまり、任天堂は何の会社なのか。岩田はニコニコしながら、こう言う。

「笑顔創造企業。それが娯楽(ごらく)産業のあるべき姿なんじゃないかと」——。

受けて欲しい、笑顔になってもらいたい。その任天堂のミッションを達成するために必要な要素は、「驚き」や「喜び」である。 30

任天堂はその昔、太陽電池をセンサーとして使った「光線銃」を発売して、世の中を驚かせ、楽しませた。ゲーム＆ウオッチでもファミコンでも、見たこともない機械、見たこともない画面に人は驚き、喜んで遊んだ。半導体技術が成熟するにつれ[3]、ビデオゲームの画面は綺麗になる。ところが、世の中にはハイビジョンのテレビやパソコン、高機能な携帯電話が溢(あふ)れかえり、自分の操作で画面が動くことへの「飽き」がゲーム産業の衰退をもたらした。 35

そして、苦悶した任天堂が艱難辛苦(かんなんしんく)の末に[4]生んだのは、やはり、見たこともないゲーム機、やったことのないゲームだった。ふたたび世の中に驚きを与えることができたからこそ[5]、今日の成功がある。だが、言うは易く行うは難し。驚きを生み続ける苦しみや辛さに、この先も任天堂は耐えていけるのだろうか。 40

「僕らはお客さんが驚いてくれたり、喜んでくれたりするという、たぶんこの上ない、最高のご褒美を頂戴して、それをエネルギーにしている。例えば宮本(みやもと)*2がどんなにすごくても、世間からの反応をすべて遮断したら、たぶん全然仕事ができなくなると思うんですよ。反応が返ってくるから、面白くてどんどん仕事ができるんですね」

岩田はそう言って、苦しみや辛さへの不安を一蹴する。では、世界的なクリエイターとしての[6]技量を常に問われている宮本はどうか。たたみかけるように聞いてみる。 45

——常にサプライズを与え続けることに疲れないですか？

疲れないです。

——次は、もう種ないよ、ネタ切れだよと、なりませんか？

ずっとそう言っていますからね、毎年（笑）。 50

——もう、次の驚きのテーマは見えているんですか？

見えてないですよ。もうずっとここ何年も[7]見えずにきていますから。ただ５年経って振り返ってみると、あの頃には今の姿は見えてなかったよなと思うことを繰り返しているので、まあ、何か出てくる。だからできないという不安はないんですよ。

55 ――プレッシャーもない？

プレッシャーなんか感じたってしんどいだけ。いかに楽しく仕事をするかだけを考えてます。

驚きや喜びを食べて育つ人間が働く会社であり、会社もその成果を食べて育つ。それが任天堂なのである。

（日本経済新聞出版社刊『任天堂“驚き”を生む方程式』井上理著）

＊1 岩田聡：2002年から任天堂代表取締役社長。
＊2 宮本茂：任天堂のゲームクリエーター、任天堂代表取締役。マリオシリーズなどの制作者。

内容を確認しよう

(1) 岩田氏の高校時代の友人はどんな人でしたか。

(2) 岩田氏が考える「任天堂のモチベーション」(14行目) とは何ですか。

(3)「ニコニコの連鎖」(20行目) とは具体的にどういうことですか。

(4)「ゲーム産業の衰退」(35行目) が起こった原因は何ですか。

(5) ゲーム産業がいったん衰退した後、任天堂がまた今日のように成功したのはなぜですか。

(6)「言うは易く行うは難し」(39行目) の意味を、具体的な例を挙げて説明しなさい。

(7) 岩田氏によると、「驚きを生み続ける苦しみや辛さ」(39行目) に任天堂が耐えていけるのはなぜですか。

(8) 宮本氏に「できないという不安はない」(54行目) のはなぜですか。

意見を述べよう

あなたが会社を作るとしたら、どのようなミッションを持つどんな会社を作りますか。

読んだあとで

1. 次の文章には、日本で活躍する外国人社員の経験談が書かれています。これを読んで、下の(1)～(4)について話し合いましょう。

グローバルビジネス考察

理解できない時には、サイレント＆スマイル。これがほとんどの外国人から見た日本人の印象だそうです。厚生労働省が2008年に行った海外からの外国人留学生を対象にしたアンケート調査によると日本企業へ定着するための条件の第１位には「異文化への理解度を高める」ことがランキングされています。異文化を理解する第一歩は、異文化を知ることから始まります。そこで日本で働いている外国人ビジネスマンの生の声を参考に、グローバルビジネスの本質を探っていきましょう。

今回、お会いした、ダニエル・スミス氏はイギリス、ロンドン出身。

大学時代は、黒澤明監督の映画「どですかでん」や「乱」、三島由紀夫作品から、日本文化の持つ純粋さを感じて憧(あこが)れていたそうです。

来日して約13年のスミスさん、現在は大手の外資系証券会社に勤務しています。そんな彼の目には、日本社会や企業はどのように映っているのでしょうか？

日本のビジネスマンは、自分で結論が出せず、ストレスがたまっているのでは？

日本人社員は、社内で何かを決める時に、“誰々の指示を待ってから”とか、“上司に相談して”と決断をたらいまわしにし、その結果、本社に連絡して本社に決めてもらうなど、決断を下すことが不得手だと聞いています。これは、日本の企業がピラミッド型社会なので、仕方がないことなのかも知れませんね。

それから一つのプロジェクトを進める時に、イギリスでは、20%のエネルギーを企画に費やし、80%のエネルギーを行動に移すことに使います。その過程で上手くいかなくても、やり直せばいいことなのです。でも、日本ではまったく逆です。企画の段階で、もしかしたら起きるかも知れないことを想定して、起きたらどうするか？の対応策に80%を費やします。残りの20%でやっと行動に移す、これは、決定的に両国間の異なる点です。また、上司や顧客に対して質問をすることが少

ないのも日本企業の特徴だと思います。私の国では、常に質問が飛び交っていますからね。(中略)

日本で働こうとしている外国人や、
ビジネスチャンスを狙っている人へのアドバイス

国際的尺度（グローバルスケール）は、日本には当てはまりません。なぜならば日本は独自の文化や習慣が、深く根付いているからです。日本人は、ヨーロッパ人の私たちと同じようには反応しないし、考え方も違います。例えば、顧客との商談も、電子機器を使うのではなく、顔を差し向かいで行います。どちらがいいのではなく、“違う”ということを認識するのが重要です。

(NTTコミュニケーションズサイト「日本で活躍する外国人社員」)

(1) スミス氏が見た日本の会社の特徴にはどんなものがありますか。そして、その背後にある理由は何だと思いますか。

(2) あなたが知っている日本の会社の特徴にはどんなものがありますか。また、あなたの国の会社についてよく言われる一般的な特徴を知っていますか。

(3) スミス氏からのアドバイスは何ですか。

(4) あなたは日本で就職してみたいですか。それはどうしてですか。

2. 次の表は、就職に関する意識調査の結果です。内容を読んで、後の問いに答えなさい。

【調査概要】

Ⅰ. 調査対象：2012年3月卒業見込みの全国大学3年生、大学院1年生

Ⅱ. 調査期間：2010年10月1日～2010年12月31日

Ⅲ. 調査方法：WEB入力フォームによる回収

Ⅳ. 有効回答：10,768名

文理男女

	文系		理系		合計	
男子	2,322	33.3%	2,340	61.5%	4,662	43.3%
女子	4,641	66.7%	1,465	38.5%	6,106	56.7%
合計	6,963		3,805		10,768	

エリア

北海道	東北	関東	甲信越	東海	北陸	関西	中国	四国	九州	海外	合計
362	528	4,124	226	1,176	172	2,426	507	192	1,039	16	10,768

① あなたの志望職種は何ですか

（%）

	全体		文系男子		理系男子		文系女子		理系女子	
		11年卒		11年卒		11年卒		11年卒		11年卒
総務・経理・人事などの管理部門	15.5	16.7	19.7	19.9	2.7	2.7	23.5	22.2	4.2	4.8
営業企画・営業部門	20.4	19.9	40.4	37.2	6.2	6.9	21.5	18.4	8.1	7.6
商品企画・開発・設計部門	15.3	16.6	13.0	14.0	12.9	16.8	16.2	17.0	20.3	21.4
広報・宣伝部門	6.5	7.8	6.1	6.3	0.9	0.8	10.7	12.0	2.5	2.5
海外営業などの海外事業部門	4.5	4.7	5.9	4.6	1.1	1.7	6.7	6.4	1.0	1.4
研究・開発部門	12.8	10.0	0.6	0.7	36.9	34.9	0.5	1.2	32.2	33.9
調査・企画部門	4.2	4.4	4.5	4.7	3.4	3.5	4.5	4.6	3.8	3.9
製造技術・生産管理部門	4.4	3.1	0.4	0.5	13.9	11.5	0.4	0.5	8.7	7.4
情報システム部門	4.1	3.5	1.7	2.2	11.6	10.9	1.3	1.1	4.9	5.6
技術サービス部門	3.2	3.0	1.1	1.1	6.2	5.4	2.6	2.8	3.9	4.2
その他	9.0	10.4	6.7	8.5	4.4	4.9	12.1	13.8	10.4	7.3

② あなたの就職観にもっとも近いものはどれですか

（%）

	全体	北海道	東北	関東	甲信越	東海	北陸	関西	中国	四国	九州
回答数	10,768	362	528	4,124	226	1,176	172	2,426	507	192	1,039
収入さえあればよい	1.6	2.8	2.1	1.5	2.2	2.1	1.2	1.7	1.2	2.1	0.8
楽しく働きたい	32.6	30.7	30.3	30.9	31.0	36.5	29.7	33.4	37.9	31.3	33.2
自分の夢のために働きたい	11.0	9.7	8.9	11.6	8.0	10.1	8.1	11.9	9.5	11.5	10.9
個人の生活と仕事を両立させたい	21.2	22.1	24.2	20.4	23.9	20.9	23.3	20.8	23.7	22.9	21.9
プライドのもてる仕事をしたい	8.7	7.7	6.6	10.0	11.1	7.0	8.1	7.8	7.7	9.9	8.5
人のためになる仕事をしたい	17.5	19.6	19.1	18.0	16.4	16.2	22.7	17.1	14.6	16.7	17.1
出世したい	1.1	1.9	0.8	0.9	1.3	1.6	2.9	1.3	0.2	1.0	1.2
社会に貢献したい	6.3	5.5	8.0	6.7	6.2	5.6	4.1	5.9	5.3	4.7	6.4

③ 行きたくない会社があるとしたら、どのような会社ですか（2つ選択）

（%）

	全体		文系男子		理系男子		文系女子		理系女子	
		11年卒		11年卒		11年卒		11年卒		11年卒
ノルマのきつそうな会社	32.7	31.2	29.0	26.5	22.7	23.2	40.0	36.7	31.2	28.8
仕事の内容が面白くない会社	22.4	23.8	24.5	25.0	27.8	29.1	18.7	21.2	21.8	24.8
休日・休暇がとれない（少ない）会社	18.0	19.5	16.8	19.2	18.8	18.9	18.5	19.8	17.1	20.4
転勤の多い会社	19.7	20.4	19.8	22.3	19.2	20.4	19.8	19.3	20.1	21.5
大学・男女差別のありそうな会社	15.2	15.2	10.6	9.6	7.4	7.9	19.4	19.4	21.4	21.1
財務内容の悪い会社	15.0	13.7	17.6	15.4	18.2	16.6	12.4	12.0	13.7	12.8
体質が古い会社	9.4	9.7	11.7	12.5	10.7	11.9	7.3	7.7	10.2	8.9
給料の安い会社	8.1	9.8	10.7	13.0	12.6	14.0	5.5	7.4	5.3	7.1
残業が多い会社	6.0	6.0	6.2	5.6	5.9	6.6	5.9	6.0	6.0	5.5
歯車になりそうな会社	5.5	5.4	6.3	6.5	8.0	8.3	4.2	4.1	4.3	4.0

（毎日コミュニケーションズ「2012年卒マイコミ大学生就職意識調査」）

(1) 下の表現を参考にして、アンケート結果を説明してください。

調査について

・(調査) が 行われる／実施される

・[時期] から [時期] にかけて

・[人] を対象に

・[質問] と尋ねたところ

数値について

・～割／%を占める

	「数が多い」	「数が少ない」
数値を示す	～に達する	～に満たない
	～に上る	～にすぎない
	～に及ぶ	～にとどまる (→p. 141)
	～以上である	～以下である
比較する	AはBを上回る	AはBを下回る
	(～の中で) ○○が最も多い	(～の中で) ○○が最も少ない
	(AはBの) ～倍である	(AはBの) ～分の～である
変化を示す	増える／増加する	減る／減少する

結果の説明

・(表) から～が わかる／明らかである

・(表) からわかるように／(表) から明らかなように／(表) が示しているように

(2) このアンケート結果について、あなたが共感できること／共感できないことは何ですか。

重要表現

■読んでみよう(p. 96)

(p. 96)

1. **つまり　namely; that is to say**　CD2-48

①母は、東京オリンピックが行われた年、**つまり**1964年に生まれた。
②店員：この件につきましては、もう少しお時間いただけますでしょうか。
　客　：**つまり**、すぐには返金してもらえないということですね。

❶あの二人は毎日１時間も電話で話している。つまり＿＿＿＿＿＿＿＿＿＿

❷「去年会ったときからずっと気になってて……、会うとすごく楽しいし……つまり、
＿＿＿＿＿＿＿＿＿＿＿＿＿＿＿」

2. **結果として　as a result**　CD2-49

①今年は、不景気で新卒採用を縮小する会社がさらに増加した。**結果として**、卒業間際(まぎわ)になっても就職先が決まらない大学４年生が大幅に増えているという。
②私はアドバイスをしたつもりだった。しかし**結果として**、彼を怒らせてしまった。

❶去年の新年の抱負は、毎朝ジョギングをすることだった。それから本当に一年間、休むことなくジョギングを続け、結果として、＿＿＿＿＿＿＿＿＿＿

❷大学時代がむしゃらに勉強をして、結果として＿＿＿＿＿＿＿＿＿＿

3. **〜につれ(て)　as something does 〜** (e.g., as time passes)　CD2-50

①会社が発展する**につれ**、海外支社も世界中に増えていった。
②時間がたつ**につれて**、あの悲しい出来事も少しずつ忘れられるようになった。

❶日本語が上達するにつれ＿＿＿＿＿＿＿＿＿＿

❷＿＿＿＿＿＿＿＿＿＿につれて、＿＿＿＿＿＿＿＿＿＿てきた。

4. 〜末に　at the end of doing 〜; after 〜　CD2-51

①半年も企画を練(ね)った**末に**、やっと新しいプロジェクトが動き出した。
②盗難車は1キロも逃走した**末に**、電柱に激突してようやく止まった。

❶ ＿＿＿＿＿＿＿＿＿＿末に、やっと＿＿＿＿＿＿＿＿＿＿＿＿＿＿＿＿ができた。

❷よく考えた末に、＿＿＿＿＿＿＿＿＿＿＿＿＿＿＿＿＿＿＿＿＿＿＿＿＿＿

今月の末に、1週間上海(シャンハイ)へ出張する予定だ。

5. 〜からこそ／〜てこそ　the very 〜; 〜 of all things　CD2-52

①上司というのは部下の将来も考えている**からこそ**、厳しく注意するのです。
②自活し**てこそ**、本当の大人だといえる。

❶ ＿＿＿＿＿＿＿＿＿＿＿＿＿＿＿＿＿＿＿＿＿＿＿＿＿＿＿＿＿＿＿＿＿からこそ、
プロジェクトがうまく進んでいるのだ。

❷ ＿＿＿＿＿＿＿＿＿＿＿＿＿＿＿＿＿＿＿＿＿＿＿＿＿＿＿＿＿＿＿＿＿＿てこそ、
本当の友達だ。

6. 〜として　as 〜 (e.g., one's duty as a parent)　CD2-53

①他国で外国人**として**暮らしていくのは、なかなか大変なことだ。
②彼がノーベル平和賞を受賞したことを、同じ国の人間**として**誇りに思う。

❶留学生の代表として＿＿＿＿＿＿＿＿＿＿＿＿＿＿＿＿＿＿＿＿＿＿＿＿＿＿

❷ ＿＿＿＿＿＿＿＿＿＿＿＿＿＿＿＿＿＿＿＿＿＿＿＿＿＿＿＿＿＿＿＿＿＿＿＿は、
親として気になるものだ。

7. ここ＋[期間]　these ＋ [length of time]; over the past ＋ [length of time]　CD2-54

①**ここ何カ月**か就活(しゅうかつ)ばかりで、友達と会う時間があまりない。
②山田：さっき彼にドライブに誘われたの！
　松木：でも、彼が車の運転をし始めたのは**ここ２週間**のことだから、乗らないほうがいいと思うけど……。

❶ここ何年かの間に＿＿＿＿＿＿＿＿＿＿＿＿＿＿＿＿

❷谷口：このごろ山川さんを見かけないね。
　井本(いもと)：うん、ここ＿＿＿＿＿＿＿＿＿＿＿＿＿＿＿＿

最近仕事が忙しく、この２、３カ月、土日も出勤している。

8. ～なんか　such a contemptuous thing/person as ～　CD2-55

①「今さら面接の結果**なんか**気にしてもしょうがないよ。次、がんばればいいじゃない」
②「就活(しゅうかつ)**なんか**、二度としたくない。もうエネルギー、使い果たしたよ」

❶＿＿＿＿＿＿＿＿＿＿＿＿＿＿＿＿なんか大した問題じゃない。

❷見た目なんか＿＿＿＿＿＿＿＿＿＿＿＿＿＿＿＿

今度の社員旅行、温泉なんかどうでしょう。

一回使っただけで捨ててしまうなんて、もったいないんじゃない？

9. いかに～か　how (difficult/important/etc. it is) to do ～; how someone/something does ～　CD2-56

①その仕事が**いかに**難しい**か**は、実際にやってみなければわからない。
②**いかに**多くのことを暗記する**か**が、受験に成功するカギである。

❶いかに＿＿＿＿＿＿＿＿＿＿＿＿＿＿＿＿かが、教師の一番の課題だろう。

❷＿＿＿＿＿＿＿＿がいかに大切か、＿＿＿＿＿＿＿＿＿＿＿＿＿＿＿＿

■読んだあとで(p. 100)

10. **なぜなら(ば)～からだ　it is because ～**　CD2-57

①最近、公務員の人気が高まっている。**なぜならば**、長引く不況のため、安定した職業が評価されている**からだ**。
②日本や韓国では、まず相手の年齢を知ろうとする。**なぜなら**、年上の場合は敬語を使うべきだ**からだ**。

❶就職の面接では＿＿＿＿＿＿＿＿＿＿＿＿＿＿＿＿が重要である。
なぜならば、＿＿＿＿＿＿＿＿＿＿＿＿＿＿＿＿＿＿＿＿

❷＿＿＿＿＿＿＿＿＿＿＿＿は一番楽しみにしている祝日だ。なぜなら、
＿＿＿＿＿＿＿＿＿＿＿＿＿＿＿＿＿＿＿＿＿＿＿＿

文法・語彙練習

1. 助詞と動詞 下の［　　］から適当な動詞を選び、必要なら形を変えて＿＿＿に書きなさい。また、（　　）には「は」以外の助詞を入れなさい。［　　］の中の言葉は一度だけ使えます。

手に入れる	耐える	達成する	探る	映る
溢(あふ)れかえる	憧(あこが)れる	定着する	費やす	

①難しい目標（　　）＿＿＿＿＿＿＿ためには、強い意志が必要だ。

②大学のサークルの先輩（　　）＿＿＿＿＿＿＿て、私も同じ広告会社に就職を希望しています。

③こんなに時間（　　）＿＿＿＿＿＿＿のに、まだ一社からも内定をもらえない。

④日本のオタク文化が外国人の目（　　）どのように＿＿＿＿＿＿＿のか興味がある。

⑤インターネットには情報（　　）＿＿＿＿＿＿＿ており、検索結果から良質の情報を選ぶのはなかなか難しい。

⑥A社では、発売日に人気商品（　　）＿＿＿＿＿＿たい人のために、オンラインで予約を受け付けてから店頭販売を行うそうだ。

⑦新入社員なら多少の残業（　　）は＿＿＿＿＿＿＿なくてはいけないという雰囲気が社内にある。

⑧彼女の気持ち（　　）＿＿＿＿＿＿＿ために、何気なくメールで週末の予定を聞いてみた。

⑨男性の育児休暇（　　）＿＿＿＿＿＿＿にはまだまだ時間がかかるだろう。

2. 副詞 下の［　　］から最も適当な副詞を選び、（　　）に入れなさい。

たまたま	あくまで	要は	どんどん	やっぱり	例えば

①仕事を引き受けたからには、（　　　　　）期日までに終わらせる。

②「最近、彼から連絡が来ないなと思ってたら、（　　　　　）彼女ができたようだ」

③（　　　　　　）店に立ち寄ったら、欲しかった新しいモデルのデジカメを見つけて、思わず衝動買(しょうどうが)いをしてしまった。

④わからないことがあったら、（　　　　　　）先輩社員に聞いたほうがいい。

⑤日常生活でできるエコ活動はいろいろある。（　　　　　　）、スーパーにエコバッグを持参するのも一つの方法だ。

⑥新入社員に細々とアドバイスをしたが、（　　　　　　）社会人としての自覚が最も大切だということだ。

3. 活用の形　（　　　）の中の動詞を適当な形にしなさい。

①学生時代には、（学ぶ →　　　　　　）べきことがたくさんある。

②彼は全く就活を（する →　　　　　　）ずに、卒業後すぐに自分探しの旅に出てしまった。

③日本では年齢が（上がる →　　　　　　）ほど、転職しにくくなる。

④子供は友達と（遊ぶ →　　　　　　）ながら社交性を身につけていく。

⑤新しいゲームソフトが手に入ると、外にも（出かける →　　　　　　）ないで、ゲームばかりやっている。

⑥日本で働く外国人を（対象にする →　　　　　　）調査によると、付き合いで同僚と飲みに出かけることがあると答えた人が多かった。

⑦開発者は自分が開発した製品が（発売する →　　　　　　）と、売れ行きを確かめるため、実際に店に行くことが多い。

⑧娯楽(ごらく)産業では、人々に受ける面白いアイデアを（出す →　　　　　　）続けることが必要不可欠だ。

4. ～として／～にとって／～に対して　「として」「にとって」「に対して」から適当なものを選んで、（　　　）に入れなさい。

①毎日お風呂に入るということは、日本人の私（　　　　　　）は当たり前のことだが、海外では珍しい習慣だと思われている。

②日本語を話している外国人（　　　　　　）、英語で話し続ける日本人がいる。変だと思う。

③子供を育てながら仕事をしている女性（　　　　　　　）、国はもっと支援をする必要がある。

④女性を見下す男の人（　　　　　　）、同じ男（　　　　　　）怒りを感じる。

⑤外国人研究者が増えるのは、大学（　　　　　　　）好ましいことだと思う。

5. ～くれる／～もらう／～ほしい　「くれる」「もらう」「ほしい」から適当なものを選び、必要なら形を変えて（　　）に書きなさい。ただし、答えは一つとは限りません。

①本当の友達なら、大変なときにこそ助けて（　　　　　　）ものだ。

②親は子供に強くなって（　　　　　　）から、心を鬼にして辛さや苦しみを経験させる。

③入社当時、接客業ではお客さんに喜んで（　　　　　　）ことを一番に考えろと教わった。

④大人も子供も喜んで来て（　　　　　　）水族館を作りたい。

⑤祖父母には、いつまでも元気でいて（　　　　　　）たい。

6. ～せる／させる　下の□から適当な動詞を選び、「～せる／させる」を使って（　　）に書きなさい。必要なら形を変えなさい。

笑う	悲しむ	待つ	考える	練習する	びっくりする

①明日、東京で一人暮らしをしている兄を久しぶりに訪ねて、（　　　　　　）やろうと思う。

②雨の中を何時間も（　　　　　　）なんて、ひどすぎるよ。

③あの映画はお腹が痛くなるほど（　　　　　　）くれるから、お勧めです。

④一流のコーチは無駄に何時間も（　　　　　　）ないと聞いた。集中力を養うほうが大切だからだ。

⑤次は、人生について深く（　　　　　　）ような小説が書きたい。

⑥親を（　　　　　　）たくないから、毎年正月には帰省するようにしている。

7. **～こそ**　「こそ」「てこそ」「からこそ」を使って（　　　）の中の言葉を適当な形にしなさい。

①この（絵 →　　　　　　　　）、彼の代表作だ。

②みんなで力を（合わせる →　　　　　　　　）、いい仕事ができる。

③（愛する →　　　　　　　　）、両親は子供を叱るのだ。

④自分の行動に責任が（取れる →　　　　　　　　）、本当の大人である。

⑤今度の（試合 →　　　　　　　　）、必ず勝ってみせる。

8. **～感／～観**　a～hの（　　）に「感」「観」のどちらか適当な方を入れなさい。そして、下の①～⑤の＿＿＿＿にa～hから適当なものを選んで書きなさい。

a. 人生（　　）	b. 連帯（　　）	c. 価値（　　）
d. 労働（　　）	e. 先入(せんにゅう)（　　）	f. 満足（　　）
g. 安心（　　）	h. 世界（　　）	

①会ったこともない人に＿＿＿＿＿＿を持って、接するのはよくない。

②困難な仕事をやり遂(と)げたあとには＿＿＿＿＿＿がある。

③人によってお金に対する＿＿＿＿＿＿には差がある。

④親しい友人との会話では、どんなことを言っても許されるという＿＿＿＿＿＿がある。

⑤グループ内の＿＿＿＿＿＿が強いということは、よく言えば仲がいいということだが、悪く言えば他を排除(はいじょ)することにつながる。

9. **就職の言葉**　下の□から適当な言葉を選び、（　　）に入れなさい。

面接	待遇	採用	保険	OB訪問	エントリーシート
職種	内定	業種	均等法(きんとう)	終身雇用(しゅうしん こ よう)	筆記試験

①日本の企業の大きな特徴は、年功序列(ねんこうじょれつ)、（　　　　　　）、それに企業内組合である。

②企業が行う事業の種類を（　　　　　　）といい、労働者が従事する職業の種類を（　　　　　　）と言う。

③社員の（　　　　　　　　）や（　　　　　　　　）を決めることを「人事」と言う。

④多くの企業では、まず第一次試験に（　　　　　　　　）を行い、二次試験以降に（　　　　　　　　）を行うことが多い。

⑤かつては企業への応募の際に履歴書を提出していたが、最近では大手企業を中心に、独自の（　　　　　　　　）を使用する企業が多い。

⑥試験や面接の前に、同じ大学の先輩を訪ねる（　　　　　　　　）もよく行われている。

⑦多くの学生が、（　　　　　　　　）をもらうまでに数十社の試験や面接を受けると言われる。

⑧女性の社会進出が進むなか、1985年に「男女雇用機会（　　　　　　　　）」が施行された。

⑨休暇や（　　　　　　　　）制度などの福利厚生（ふくりこうせい）に関することがらについても、男女差別が禁止されている。

ユニット

7

日本語の多様性

読む前に

1 **次のａ～ｅは、外国語から借りて日本語になった「外来語」です。それぞれ、何語が由来か考えてみましょう。他にあなたが知っている外来語があったら、ｆに書いてください。**

a. テンプラ　　b. クレヨン　　c. オルゴール

d. アルバイト　　e. イクラ　　f.（　　　　　　）

2 **話し手は、話し相手との関係や話題、状況に応じて適切な表現を選びます。また、その表現には、話し手の年齢や性別、住んでいる地域の特徴もあらわれます。次の会話のＡさんの話し方から、Ａさんの年齢や性別、住んでいる地域、ＡさんとＢさんの関係を推測してみてください。**

(1) Ａ：それ、ええかばんやねえ。どこで、こうたん？

Ｂ：あ、あのう、買ったんじゃなくて、友人にもらったんですけど。

Ａ：ああ、そう。こうたんなら、お店、知りたいなあ、思たんやけど。

(2) Ａ：これ、とってもおいしいわね。どこのお店のケーキかしら。

Ｂ：駅前のアルチザンっていうケーキ屋さんですけど。

Ａ：あら、そうなの。見た目もきれいだし、おいしいし。
今度、わたくしも、行ってみようかしら。

(3)（ラーメンを食べて）

Ａ：これ、ちょーやばくねえ？

Ｂ：マジ、やばいっすね。

3 いろいろな母語を持つ人たちが使う日本語は、日本人の使う日本語とは違う「味わい」や「豊かさ」があります。下の２つの「ホームパーティー参加者へのお知らせ」のメール文を比べて、気づいたことを挙げてください。aはドイツ人、bは日本人が書いた文です。

a. スタートは18時からです。ご自分のお好きな飲み物を持ってきてください。料理のすべては僕の責任で、十分作っておきますので、本当に何も持ってこなくてもいいですよ。飲み物と、笑顔と、楽しい気分を持ってきてください。

b. 夕方６時から始めたいと思います。料理はこちらでご用意いたします。飲み物だけ持ってきていただければありがたいです。では、お気をつけていらしてください。

4 次の日本語は、間違っていると批判されることがあります。しかし、これらの表現を使う日本人も大勢います。あなたの周りの人はこれらの表現を使いますか。また、あなた自身は使いますか。

a. すごいおいしい

b. 全然いい

c. 寝れる、食べれる、見れる

d. ウエートレス「こちらはきのこパスタになります」

e. 雨は降らなさそうです。

5 「日本語にはあるが、母語にはない表現」、もしくは、「母語にはあるが、日本語にはない表現」がありますか。

(1) 日本語にはあるが、母語にはない表現

例：なつかしい

(2) 母語にはあるが、日本語にはない表現

例：I miss you.

読んでみよう

「越境」が広げる言葉の可能性　外国人作家が書く日本文学　CD1-8

第141回芥川賞は、イラン人女性のシリン・ネザマフィが候補入りして注目を集めた。非漢字文化圏出身の作家として初の受賞はならなかったが、昨年受賞した中国人楊逸（ヤン・イー）に続く外国人作家のノミネートは、母語にとらわれずに日本語を表現手段として選ぶ「越境文学」の広がりを表している。

ネザマフィが日本に興味を持ったのはテヘランに住んでいた高校生のころ。10年前に来日し、本格的に日本語を学んだ。日本語で小説を書き始めたのは「日本に住み、日本語が一番書きやすい言語になっていたから」だという。

揺れる言葉

外国人にとって日本語は敷居（しきい）が高いと思われがち[1]だが、ネザマフィは「その人がどこまで日本に入り込みたいかによる[2]のではないか。すんなり入れる人もあれば[3]、ハードルが高いと思う人もいるでしょう」と話す。

候補作となった「白い紙」は、イラン・イラク戦争下の田舎町を舞台にイラン人の若者の恋を描いた。芥川賞選考委員の山田詠美（やまだえいみ）は「イランというディテールを日本語にトレースしようとしたことを認める意見はたくさんあった」と紹介した。

日本人も日本も登場しない、日本語の小説。翻訳小説とどう違うのか、日本語で書く必然性はあるのか——。そんな疑問の声は同作品が今春、文学界新人賞に選ばれたときからあった。

異世界の物語という印象が強い「白い紙」だが、東大教授の沼野充義（ぬまのみつよし）は「日本と関係のない現実を描いたことに意味がある」と分析する。「世界各地の物語が英語で書かれるように、日本以外の世界を日本語でどう書けるのか。ネザマフィさんの作品は日本語の可能性を問い掛けている」

外国人が書く日本語の魅力を「日本人が考える日本語の枠から自由になって、言葉（日本語）が“揺れる”こと」にみるのは、東大留学生センター教授の栖原暁（すはらさとる）だ。ネザマフィが2006年に「サラム」で受賞した留学生文学賞の選考委員を務める。

「白い紙」「サラム」ともに、国家や時代に翻弄（ほんろう）される個人の運命がテーマの一つ。「彼女は書きたいものをたくさん持っている。それに対して、日本人の若い作家の作品世界は狭いと感じる」と栖原は話す。

歓迎すべきこと

言葉の壁と国境を越えて小説を書く作家が増えることで、日本文学はどう変わっていくのか。

米国で生まれ、日本語で小説を書くリービ英雄は「これまでが閉鎖的すぎた。外国人の書き手が増えるのは歓迎すべきこと」とした上で「文章のうまい下手や国籍が問題ではなく、その作家が日本語に対して意識的になっているかどうかが重要」と指摘する。

「個人と世界との関係の中で文学は生まれる。一人一人が表現の言葉として日本語とどうかかわり、そこから何が生まれるか。越境（文学）とは言葉の冒険を目指すもので、その可能性が広がっているのは間違いない」とリービは話した。（敬称略）

（「京都新聞」2009年8月3日［共同通信配信］）

「白い紙」の一部を紹介します。 CD1-9

「もう少し勉強したらどうだ！　テストの結果は相変わらずひどい！　採点する気すら無くす」先生が男子生徒の先週のテスト結果を配り始めた。
「君たちの今の努力は将来のためになる。今から努力を積み重ねればいつかきっと実る」さっきの単調なトーンと打って変わって、先生が興奮気味な声でいつもの〝君たちの輝かしい将来〟という演説を始めた。学校が終わると親の手伝いをせざるを得ないこの学校の男子は〝輝かしい将来〟などに興味があるのだろうか。大半の生徒達の職業と進路がとっくの昔に決まっているというのに。熱血教師が無駄に唾だけを飛ばしている。
「君たちの今は、白紙のように真っ白だ。良くも悪くもない。これから君たちがその白紙にいろんなことを書いて、いろんな色を塗って、いろんな絵を描いていく。五十、六十になって、振り返って自分が描いた絵に満足ができる人生を歩むため、今からしっかりしないといけない」声のボリュームがだんだん大きくなる。再びあくびを手で隠した。歯並びのせいか、先生は興奮するといつもより、唾を遠くまで飛ばす。
「あ、今のは二列目に届いたよ。記録更新じゃない？」横の女子がくすくす笑う。確かに先生が立っている後ろの黒板のおかげで、白い唾がどこまで飛ぶかここから良く見える。
「君たちの白い紙を悔いのない色に染めよう！」

（文藝春秋刊『白い紙／サラム』シリン・ネザマフィ著）

内容を確認しよう

(1) シリン・ネザマフィ氏が「注目を集めた」(1行目) のはどうしてですか。

(2)「越境文学」とはどんな文学のことですか。

(3)「日本語は敷居が高い」(9行目) とは、ここではどんな意味ですか。簡単な言葉を使って説明しなさい。

(4)「イランというディテールを日本語にトレースする」(13行目) というのはどういう意味ですか。

(5) 沼野氏は、ネザマフィ氏が「日本と関係のない現実を描いたこと」(18行目) についてどのように考えていますか。

(6) 外国人が書く日本語について、栖原氏はどのように考えていますか。自分の言葉で説明しなさい。

(7) 外国人が日本語で文学を書くことについて、リービ氏はどのように考えていますか。簡潔に述べなさい。

意見を述べよう

(1) あなたは日本語非母語話者が日本語で文学を書くことについて、どう思いますか。

(2)「白い紙」の一節を読んで、どう思いましたか。何か気づいた点はありますか。

読んだあとで

1. 次の文章は、『橋本治(はしもとおさむ)が大辞林を使う』からの抜粋です。後の問いに答えてください。

日本語は常に検討が必要とされる

上流階級や既得権者達は、既にある「自分達の言葉」を「正しい言葉」だと思います。それとは異質な言葉の登場を、「言葉の乱れ」と嫌悪します。しかし、残念ながら世の中は、いつだって変わって行くものです。「自分の生き方を探したい」という人間が出て来れば、それにつれて言葉もまた変わる。それを拒絶しない方がいいと思うのは、それが日本語にとっては自然な流れだからです。

「日本語はまだ完成されていない、発展途上にある」――これが私にとっての、日本語が揺れ動く理由です。自分達の言葉を「漢字」という外来文字で記述しようとしたところから日本語がスタートしてしまった以上、日本語は、常に「検討」を必要とするのです。だから、揺らぐのです。それは悪いことじゃないと思います。と同時に、「ただ新しいだけの言葉」を、あまり過大評価しない方がいいとも思います。「ただ新しいだけの言葉」は、新しい状況を開くものかもしれない。でもそれは、ただ一時的な乱れ咲きで終わるだけのものかもしれない。人の間に流通する言葉は、多くの人の支持を得なければ、「広く流通する新しい言語」にはなれないからです。だからこそ、いろいろと揺れながらも、日本語は「ある一定の形」を根本において保っている。だからこその「日本語」です。その根本を崩したら、日本語は「日本語」ではなくなってしまう。流通する言葉から「広く流通させる能力」が奪われて、特殊な隠語だらけの「バベルの塔崩壊以後」の状態になってしまうでしょう。

日本にはいくらでも、「自分にふさわしい言語表現がほしい」と思う人達がいて、その人達の必要に合わせて、日本語は揺らぎ変化して行く――それは「乱れ」ではなく、日本語と日本社会の活性化現象なのだと、私なんかは思っています。

(三省堂刊(さんせいどうかん)『橋本治が大辞林を使う』橋本治著(はしもとおさむちょ))

（1）「上流階級や既得権者達」が、「自分達の言葉」とは異質な言葉の登場を「言葉の乱れ」と考えるのは、どうしてだと思いますか。

（2）筆者が「日本語は、常に『検討』を必要とするのです。だから、揺らぐのです」（9行目）と考えるのは、なぜですか。

（3）「ただ新しいだけの言葉」（11行目）について、筆者はどのように考えていますか。
また、「ただ新しいだけの言葉」だとあなたが思う日本語を挙げてください。

（4）「広く流通する新しい言語」（14行目）の条件は何ですか。

（5）日本語が変化していくことについて、筆者はどのように考えていますか。

（6）変化する日本語の例を一つ挙げ、それについてあなたの考えを述べてください。

2.言葉の「乱れ」や「揺れ」について、日本人にインタビューし、インタビューの内容をクラスで発表してください。質問する項目は、以下を参考にしてください。

■ インタビューの相手に関する情報（名前、職業、年齢など）

■ インタビューの内容

・あなたが「言葉の乱れ」だと思う日本語がありますか。
・どうして、その日本語を「乱れている」と思うのですか。
・外国人が使う日本語について、「ちょっと変わった使い方だなあ」と思ったことはありますか。それはどんな日本語ですか。
・あなたが、他の人とちょっと違う使い方をしている日本語はありますか。どうしてそれを使うのですか。

重要表現

■読んでみよう(p. 118)

1. ～がち　tend to ～ (undesirable tendency)　CD2-58

①日本語は難しい言語だと思われ**がち**だが、文法は例外が少なくて簡単だ。
②大学に進学して数カ月たつと、いろいろなことに興味が出てきて、勉強以外のことに心を奪(うば)われ**がち**である。

❶今の若者は＿＿＿＿＿＿＿＿と思われがちだが＿＿＿＿＿＿＿＿＿＿＿＿
❷子供のころは体が弱くて＿＿＿＿＿＿＿＿＿＿＿＿＿＿＿＿がちだった。

2. ～による　depends on ～　CD2-59

①新しい言葉が定着するかどうかは、その言葉が社会でどのくらい広く長く使われるか**による**。
②翻訳本の売れ行きは、基本的には原作の面白さ**による**が、翻訳者の表現力も重要な要素だ。

❶＿＿＿＿＿＿＿＿＿＿＿＿＿＿＿＿＿＿＿＿は、テストの結果による。
❷希望の会社に就職ができるかどうかは、＿＿＿＿＿＿＿＿＿＿＿＿による。

3. XもあればYもある／XもいればYもいる　some things/people are X, while others are Y　CD2-60

①一人暮らしは、寂しいとき**もあれば**、楽しいとき**もある**。
②海外で暮らすほうが自国で暮らすよりも快適だと言う人**もいれば**、海外生活など無理だと言う人**もいる**。

❶留学は＿＿＿＿＿＿＿＿ こともあれば、＿＿＿＿＿＿＿＿ こともある。
❷＿＿＿＿＿＿＿＿＿＿＿人もいれば、＿＿＿＿＿＿＿＿＿＿人もいる。

4. それに対して／〜のに対して　in contrast to 〜; as opposed to 〜　CD2-61

①ドイツ語の名詞には、「単数・複数」と「男性・女性・中性」の区別がある。**それに対して**、日本語の名詞にはそのどちらもない。
②日本語には魚に関する言葉が豊富な**のに対して**、英語には肉に関する言葉が多い。

❶男性は数学に強いのに対して、女性は＿＿＿＿＿＿＿＿＿＿とよく言われる。
❷日本料理は＿＿＿＿＿＿＿＿＿＿。それに対して、＿＿＿＿＿＿料理は＿＿＿＿＿＿＿＿＿＿＿＿＿＿＿＿＿＿＿＿

5. 〜(か)が問題ではなく、……(か)が重要だ　what matters is not 〜, but 〜　CD2-62

①日本語のうまい下手**が問題ではなく**、どんな内容を話しているか**が重要だ**。
②謝罪(しゃざい)の言葉を言ったかどう**かが**問題**ではなく**、どういう気持ちで謝罪したの**かが**重要**だ**。

❶敬語は、＿＿＿＿＿＿＿＿が問題ではなく、＿＿＿＿＿＿＿が重要だと思う。
❷海外生活を楽しむには、言語が問題なのではなく、＿＿＿＿＿＿＿＿＿＿＿＿

6. 〜ざるを得ない　have no choice but to 〜　CD2-63

①上司に言われたので、やりたくなかったがやら**ざるを得なかった**。
②こんなに素晴らしい作品を作り上げた以上、彼には才能があると認め**ざるを得ない**。

❶漢字を忘れてしまったので、＿＿＿＿＿＿＿＿＿＿＿＿＿ざるを得なかった。
❷仕事なので、＿＿＿＿＿＿＿＿＿＿＿＿＿＿＿＿＿ざるを得ないことがある。

文法・語彙練習

1. **助詞と動詞** 下の□から適当な動詞を選び、必要なら形を変えて＿＿＿に書きなさい。また、（　）には「は」以外の助詞を入れなさい。

越える	持つ	問い掛ける	指摘する
集める	よる	とらわれる	

①近年、日本の伝統工業（　　）興味（　　）＿＿＿＿＿＿若者が増えてきた。

②就職できるかどうかは、コミュニケーション能力がどれほど高いか（　　）＿＿＿＿＿＿だろう。

③愛は国境（　　）＿＿＿＿＿＿、と言われる。

④選挙の候補者は、ダムの建設の是非を市民（　　）＿＿＿＿＿＿た。

⑤A氏は、若者言葉の濫用(らんよう)はよくないことだ（　　）＿＿＿＿＿＿た。

⑥女性は結婚したら外で仕事をしなくてもいいという古い考え方（　　）＿＿＿＿＿＿男性もいる。

⑦あの俳優は、アカデミー賞候補になったことで、最近映画界で注目（　　）＿＿＿＿＿＿。

2. **語彙の選択** （　　）から適当なものを選びなさい。

①３年前、先生に借りた貴重な本をまだ返していないので、先生の家は私には敷居(しきい)が（　低い・高い・軽い・重い　）。

②日本語でのディスカッションはなんとかできるが、プレゼンテーションはとても難しく、まだまだハードルが（　低い・高い・軽い・重い　）。

③日本の女性政治家の数は、他国と比べて少なく、女性にとって政治の世界の門はまだまだ（　広い・狭い・少ない・多い　）と言える。

④彼は語彙(ごい)や表現が豊富で、文章がとても（　うまい・下手だ・おいしい・まずい　）と言われている。

⑤新社長になってから売り上げが大きく減ったことで、社長の能力に対する疑問の声が（　軽く・重く・低く・高く　）なってきた。

3. 活用の形　（　　）の中の言葉を適当な形にしなさい。

①電気を（消す →　　　　　　　）ずに、部屋を出てしまった。

②A社とB社が合併（がっぺい）するという話は、噂（うわさ）以上には（発展する →　　　　　　　）ず、結局、両社が合併することはなかった。

③言葉が通じないことは不便だと（思う →　　　　　　　）がちだが、便利なこともある。

④就職できるかどうかは、どの大学を（卒業する →　　　　　　　）によるわけではない。

⑤コンビニは多くが24時間営業（だ →　　　　　　　）に対して、ほとんどのスーパーは夜は閉まっている。

⑥この洗濯機は音が（大きい →　　　　　　　）ばかりで、あまり汚れが落ちない。

⑦守れない約束は（する →　　　　　　　）べきではない。

⑧仕事を長く続けられるかどうかは、給料が問題ではなく、どんな（内容だ →　　　　　　　）が重要だと思う。

⑨最近の天気は、すっきりと晴れることが少なく（曇（くも）る →　　　　　　　）がちだ。

⑩一人っ子だと、親は子供を（甘やかす →　　　　　　　）がちになると言われている。

4. ～べきだ　______の部分に適当な語を入れて、文を完成させなさい。

①みんなで決めたことは________________べきだ。

②政治家は市民の立場に立って行動________________べきだ。

③ずっといい友達でいたいなら、________________べきではない。

④若いときに、もっと________________べきだった。

⑤気の弱い彼に、厳しいことを________________べきではなかった。

5. ～ず　下線の言葉を「～ないで」または「～なくて」の形に変えて、（　　）に書きなさい。

①彼女は何も言わず、ただ見つめるだけだった。　（　　　　　　　　　　）

②日本語がわからないことに気がつかず、その人にずっと日本語で話し続けてしまった。
（　　　　　　　　　　）

③授業中に指名されたが、うまく答えられず、恥ずかしい思いをした。
（　　　　　　　　　　）

④長い間、兄と連絡がとれず、とても心配した。　　　（　　　　　　　　　　　）

⑤母語にとらわれずに、日本語を表現手段として選び、小説を書く人が増えている。

（　　　　　　　　　　　）

6. ～がち／～やすい　（　　　）から適当な方を選びなさい。

①木村先生の授業は（　わかりやすくて ・ わかりがちで　）人気がある。

②後藤(ごとう)さんは最近体調が悪くて、学校を（　休みやすい ・ 休みがちだ　）。

③砂糖は（　こげやすい ・ こげがちな　）性質を持っている。

④忙しいと朝食を（　抜きやすく ・ 抜きがちに　）なるので、気をつけないといけない。

⑤彼女は、人前に出ると緊張して、話すとき（　うつむきやすい ・ うつむきがちだ　）。

7. ～込む　下の□から最も適当な動詞を選び、必要なら形を変えて＿＿＿に書きなさい。

覚え込む	持ち込む	書き込む	使い込む	押し込む

①図書館の本には、直接字を＿＿＿＿＿＿＿＿＿＿いけない。

②都会ではラッシュアワーのときに、駅員が人を電車に＿＿＿＿＿＿＿＿＿＿光景を目にする。

③たくさんの漢字を一度に＿＿＿＿＿＿＿＿＿＿のは難しい。

④この試験では、辞書を＿＿＿＿＿＿＿＿＿＿いけない。

⑤友人から預かっていたお金を＿＿＿＿＿＿＿＿＿＿しまった。

8. ～的／～性　下の□から最も適当な言葉を選び、必要なら形を変えて＿＿＿に書きなさい。

開放的	可能性	意識的	必然
閉鎖的	不可能	無意識	偶然

①日本の文学界は外国人に対して＿＿＿＿＿＿＿＿と言われている。

②やる気があれば、人間に＿＿＿＿＿＿＿＿ことはないと思う。人の力はすごいのだから。

③国会議員のＡ氏は、そこに高速道路を建設する＿＿＿＿＿＿＿＿がないとして、計画に反対した。

④悪天候のため飛行機の到着時間は遅れる＿＿＿＿＿＿＿＿がある。

⑤この美術館は窓が大きいので、建物の中にいても外の自然を感じることができ、＿＿＿＿＿＿＿＿雰囲気だ。

⑥約束もしていないのに、弟と東京の真ん中で＿＿＿＿＿＿＿＿出会った。

⑦＿＿＿＿＿＿＿＿に、目覚まし時計を止めてしまっていた。

⑧一人暮らしだと、食事に気を遣わなくなりがちなので、＿＿＿＿＿＿＿＿栄養のある食事をとるようにしたほうがいい。

9. 外来語　単語の最後の音に注意して、例のように①～⑯の英語をカタカナで書きなさい。

● -tion ＝ ～ション

automation	→	オートメーション
demonstration	→	デモンストレーション：デモ
mass-communication	→	マス・コミュニケーション：マスコミ

① information →

② reaction →

● -t(e) ＝ ～ト　　-d(e) ＝ ～ド

brand	→	ブランド	background	→	バックグラウンド
text	→	テキスト	cost	→	コスト
pride	→	プライド			

③ download →

④ discount →

● -l(e) = ～ル

title	→	タイトル	level	→	レベル
sale	→	セール	schedule	→	スケジュール
natural	→	ナチュラル			

⑤ trouble →

⑥ hurdle →

● -ing = ～(イ)ング

meeting	→	ミーティング	ring	→	リング
hearing	→	ヒヤリング			

⑦ living →

⑧ running →

● -er/-ar/-or = ～(ア)ー

adviser	→	アドバイザー	star	→	スター
bar	→	バー	hamburger	→	ハンバーガー
instructor	→	インストラクター			

⑨ coordinator →

⑩ announcer →

● -ic = ～(イ)ック

romantic	→	ロマンチック	economic	→	エコノミック
plastic	→	プラスチック			

⑪ classic →

⑫ dynamic →

● -age = ～(エ)ージ

package → パッケージ		damage → ダメージ	
garage → ガレージ			

⑬ message →

⑭ image →

● -m(e) = ～ム　　-s(e) = ～ス　　-ce = ～ス

system → システム	gum → ガム
Guam → グアム	time → タイム
case → ケース	course → コース

⑮ performance →

⑯ nationalism →

ユニット

8

環境のためにできること

読む前に

1 環境に関する次の言葉について、あなたはどんなことを知っていますか。

海洋汚染	大気汚染	ごみ・リサイクル	酸性雨	温暖化
騒音	野生動植物の減少	砂漠化	オゾン層の破壊	紫外線(しがいせん)

2 以下の CO_2 排出を減らす取り組みのうち、あなたが普段していることがありますか。

1 冷房の温度を１℃高く、暖房の温度を１℃低く設定する

カーテンを利用して太陽光の入射を調整したり、クールビズやウォームビズを取り入れることにより冷暖房の設定温度を工夫して過ごしましょう。

⇒年間約33kg の CO_2 の削減(さくげん)　⇒年間で約1,800円の節約

2 週２日往復８kmの車の運転をやめる

通勤や買い物の際にバスや鉄道、自転車を利用しましょう。歩いたり自転車を使う方が健康にもいいですよ。

⇒年間約184kg の CO_2 の削減　⇒年間で約9,200円の節約

3 １日５分間のアイドリングストップを行う

駐車や長時間停車するときは車のエンジンを切りましょう。大気汚染物質の排出削減にも寄与します。

⇒年間約39kg の CO_2 の削減　⇒年間で約1,900円の節約

4 待機電力を50%削減する

主電源を切りましょう。長時間使わないときはコンセントを抜きましょう。また、家電製品の買い替えの際には待機電力の少ない物を選ぶようにしましょう。

⇒年間約60kg の CO_2 の削減　⇒年間で約3,400円の節約

5 シャワーを１日１分家族全員が減らす

身体を洗っている間、お湯を流しっぱなしにしないようにしましょう。

⇒年間約69kg の CO_2 の削減　⇒年間で約7,100円の節約

⑥ 風呂の残り湯を洗濯に使いまわす

洗濯や庭の水やりのほか、トイレの水に使っている人もいます。残り湯利用のために市販されているポンプを使うと便利です。

⇒年間約7kg の CO_2の削減　⇒年間で約4,200円の節約

⑦ ジャーの保温を止める

ポットやジャーの保温は利用時間が長いため、多くの電気を消費します。ごはんは電子レンジで温めなおす方が電力の消費は少なくなります。

⇒年間約34kg の CO_2の削減　⇒年間で約1,900円の節約

⑧ 家族が同じ部屋で団らんし、暖房と照明の利用を２割減らす

家族が別々の部屋で過ごすと、暖房も照明も余計に必要になります。

⇒年間約238kg の CO_2の削減　⇒年間で約10,400円の節約

⑨ 買い物袋を持ち歩き、省包装(しょうほうそう)の野菜を選ぶ

トレーやラップは家に帰れば、すぐゴミになります。買い物袋を持ち歩けばレジ袋を減らせます。

⇒年間約58kg の CO_2の削減

⑩ テレビ番組を選び、１日１時間テレビ利用を減らす

見たい番組だけ選んで見るようにしましょう。

⇒年間約14kg の CO_2の削減　⇒年間で約800円の節約

（全国地球温暖化防止活動推進(ぜんこくちきゅうおんだんかぼうしかつどうすいしん)センター「身近(みぢか)な地球温暖化対策(たいさく)　家庭(かてい)でできる10の取り組み」より）

3 あなたは毎日の生活の中で、環境のためにどのようなことを心掛けていますか。
上の項目以外にも、毎日の生活の中でできるエコ活動はありますか。

4 あなたの国では、環境に対するどのような取り組みが行われていますか。

暮らしの無駄、自覚

1 どこまで我慢？　自販機・深夜コンビニ「なくてもＯＫ」８割

クーラーに温水洗浄トイレ。スイッチ一つで得られる日常生活の快適さと引き換えに、地球環境の悪化を招いているのだとすれば[1]、それを防ぐための我慢がどれぐらい受け入れられるのか。あくまで架空の想定で「地球温暖化を防ぐためなら、○○のない世の中でも
5 がまんできるか」を聞いてみた。

「がまんできる」とする答えが特に多かったのは「自動販売機」の84％と「コンビニ店などの深夜営業」の83％。

コンビニの24時間営業は国内では75年に始まった。いまや全国４万３千店舗に広がったコンビニは大半が深夜営業をしており、427万台ある自販機とともに手軽な買い物を実現
10 した代表格だ。その浸透ぶりを考えると、地球環境に必要となれば手放すのも「あり」という答えの多さは注目に値する。ただ、これらを失う代わりに得られる二酸化炭素（CO_2）排出の抑止効果がどのぐらい大きいかについては、諸説ある。

環境省などが「個人でできる温暖化対策」にも挙げるクーラーと温水洗浄トイレ。クーラーは「なくてもがまんできる」が45％にとどまった[2]。特に関東以南は３～４割台の地域が多く、
15 暑さにはかなわないということか。温水洗浄トイレがなくても「がまんできる」は67％。普及の歴史が浅い割に[3]、自販機やコンビニ深夜営業より「がまんできない」派が多い。

クーラーと温水洗浄トイレとでは、世代別の傾向の違いがある。クーラーは年齢が上がるに従って[4]「がまんできる」が増えるが[5]、温水洗浄トイレは逆に減っていく。

「脱マイカー」についても、運転する人に聞いてみた。中心街へ乗り入れ禁止になって
20 も「がまんできる」は、４人に３人の割合に上った。

さらに、「マイカーの利用をどの程度減らせるか」を尋ねると、「かなり」23％、「少し」63％で、「減らせる」派が86％を占めた。マイカーの１人当たりの輸送のCO_2排出量は、鉄道の９倍、バスの３倍とされるだけに、
25 高い「脱マイカー」意識は、今後の政策次第で大きな削減効果を期待できそうだ。

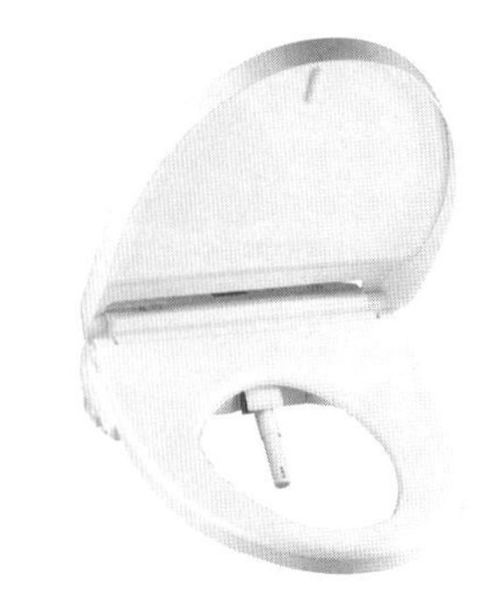

温水洗浄便座（資料提供：TOTO株式会社）

■質問と回答■（一部）（数字は％）

①地球環境の問題に、どの程度関心がありますか。

大いに関心がある	27
ある程度関心がある	60
あまり関心がない	10
全く関心がない	2

②いまの地球環境の状態を人間の健康にたとえると、どんな様子だと思いますか。

元気	2
まあ健康	20
病気	60
重病	16

③電気製品を使っていない時に、電気プラグをコンセントからこまめに抜くなどしていますか。

よくしている	28
時々している	22
あまりしていない	23
していない	26

④スーパーなどのレジ袋を減らすため、自分の買い物袋を持ち歩いていますか。

よくしている	29
時々している	17
あまりしていない	11
していない	39

⑤地球環境が悪くなるのを防ぐためには、今より生活が不便になっても構わないと思いますか。

構わない	51
困る	43

⑥地球温暖化問題を考えた時に、あなた自身が無駄の多い生活をしている、と感じることがどの程度ありますか。

いつもある	15
時々ある	66
あまりない	13
ない	4

⑦国内での地球温暖化防止対策を考えた時、政府と企業と家庭の三つの中で、一番努力しなければならないのはどれだと思いますか。

政府	28
企業	29
家庭	33

⑧二酸化炭素などの温室効果ガスを抑えるため、石油や石炭などに税金をかける「環境税」の考え方があります。地球温暖化対策として、「環境税」を導入することに賛成ですか。反対ですか。

賛成	48
反対	41

⑨原子力発電は、運転中に二酸化炭素を出さない一方で[6]、安全性の問題が指摘されています。政府は、原子力発電を地球温暖化対策の柱の一つにすえていますが、この政府の方針は妥当だと思いますか。

妥当だ	49
妥当ではない	33

⑩風力発電や太陽光発電など自然エネルギーによる発電は、現状ではコストの高さも指摘されています。地球温暖化を防ぐためなら、仮に電気料金が高くなっても自然エネルギーによる発電が増えたほうがよいと思いますか。

増えたほうがよい	64
そうは思わない	26

＊　＊　＊

〈調査方法〉　全国の有権者から選挙人名簿で３千人を選び、昨年11月17、18の両日、学生調査員が個別に面接調査した。有効回答は1,867人、回答率は62％。回答者の内訳は男性47％、女性53％。

（「朝日新聞」2008年1月7日）

内容を確認しよう

(1)「地球温暖化を防ぐためなら、〇〇のない世の中でもがまんできるか」という質問に対する答えを、「がまんできる順」に下の表にまとめなさい。

がまんできるもの	%
①	
②	
③	
④	
⑤	

(2)「スイッチ一つで得られる日常生活の快適さ」(2行目)にはどんなものがありますか。また記事に書かれているもの以外にも何かありますか。

(3) コンビニは「手軽な買い物を実現した代表格」(9行目)とありますが、コンビニのどのような点が手軽な買い物を実現させたのですか。

(4) どうして「注目に値する」(11行目)のですか。

(5)「クーラーがなくてもがまんできる」と答えた人が関東以南では3～4割台だったのはどうしてですか。

(6)「世代別の傾向」(17行目)を自分の言葉で説明しなさい。

(7) マイカーに関する調査結果から、どんなことが期待できますか。

(8) あなたは、地球温暖化を防ぐために、どんなものがなくてもがまんできますか。それをがまんすることによって、どんな効果がありますか。

意見を述べよう

(1)「質問と回答」⑦ に関して、「政府」「企業」「家庭」 はそれぞれ、地球温暖化防止対策のために具体的にどんな努力をしなければならないと思いますか。

・ 政府

・ 企業

・ 家庭

(2)「質問と回答」⑨ の 「原子力発電」 について、どんな問題がありますか。

(3)「質問と回答」⑩ の 「風力発電」 や 「太陽光発電」 以外に、どんな代替エネルギーがありますか。

読んだあとで

1. 環境分野の活動家で、ノーベル平和賞を受賞した、ワンガリ・マータイさんのスピーチです。これを読んで、後の質問に答えましょう。

　初めて日本語の「もったいない」の意味を知った時、世界へのメッセージとして大事な言葉だと直感しました。私はまず、もったいないの精神的なルーツにとても惹(ひ)かれました。そして、長年、環境問題に取り組むなかで掲(かか)げてきた合言葉「３つのＲ」（リデュース・リユース・リサイクル）を、たった一言で言い表わしているのが素晴らしいと思いました。私たちが住む地球を破壊に追い込む深刻な脅威を減らすには、資源の無駄遣いをなくし、使えるものは再利用し、そしてそうでないものはリサイクルするしかありません。

　さて「３つのＲ」は実用的であり、先見性にたけたビジョンなのです。つまり、これは政府や企業にあてはまるだけでなく、また一方で、皆さんの地元や都道府県だけに限られる[7]ものでもありません。誰もが対象であり、私たち一人ひとりの生活のあらゆる面にあてはまるものです。「私になにができるの」と聞かれたら、私はいつも、「人間一人ひとりに変化を起こす力があるのよ！」と答えます。「３つのＲ」こそが、将来の世代へとつなぐ健康的できれいな世界をつくることに不可欠なのです。

「３つのＲ」を実行すると、ほかにもいいことがあります。例えばケニアでは、リサイクル可能な運搬用のバスケットへの需要が、新たな市場をつくり出します。そしてこのバスケットが正当な価格で取引された時、何千人もの人びとの暮らしを支えることができるのです。これは一つの例ですが、女性への恩恵は大きいのです。

　私は、30年近く前、ケニアで７本の木を植えました。これがグリーンベルト運動のきっかけとなりました。その後、多くの女性（男性もいます）がケニア国中に3000万本以上の木を植えてきました。そしてこの経験をアフリカの他の国とも分かち合っています。植林を通して(→p. 157)、多くの人びとが生活の糧を得ました。木は彼らに燃料を与え、食糧を与え、そして彼らの土地を侵食から守り、時として少ないながらも生活費の足しとなっています。

これらの活動を通して私たちがわかった大切なことは、市民が力を持たなくてはいけない、ということです。私たちや子どもの望む生活を実現するために、環境を保護し復旧活動に参加して欲しいのです。他人がどうにかしてくれるのを待っていてはいけません。　（マガジンハウス刊『もったいない』プラネット・リンク編）

26

(1) 文章の内容と合っているものに○、違っているものに×を書いてください。（解答p. 143）

a. (　　) 日本語の「もったいない」はリサイクルと同じ意味である。

b. (　　) 「３つのＲ」は、政府や企業に当てはまらず、地元や都道府県だけに限られるビジョンである。

c. (　　) リサイクル可能なバスケットを多くの人が使えば、新たな仕事を作ることができる。

d. (　　) グリーンベルト運動はアフリカの他の国でも行われ、成果を上げている。

e. (　　) マータイさんは一人ひとりにできることがあると信じている。

(2) あなたが「もったいない」と思うのはどんな時ですか。話しましょう。

2. 次のグラフ（A）～（C）の数値を説明しましょう。そして、これらのデータの背景にある理由や原因、影響なども考えて、環境問題について自分の意見を述べてみましょう。

（A）世界の二酸化炭素排出量に占める主要国の排出割合と各国の一人当たりの排出量の比較（2008年）

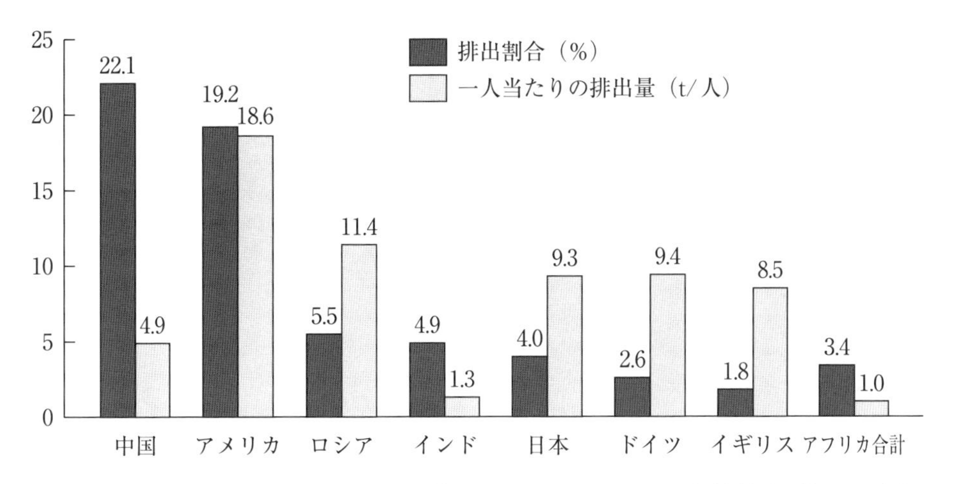

出典：EDMC/エネルギー・経済統計要覧(とうけいようらん)2011年版(ばん)
全国地球温暖化防止活動推進(ぜんこくちきゅうおんだんかぼうしかつどうすいしん)センターセンターウェブサイト（http://www.jccca.org/）より

ユニット 8 環境のためにできること

（B）家庭からの二酸化炭素排出量――世帯当たり・用途別内訳（2009年度／日本）

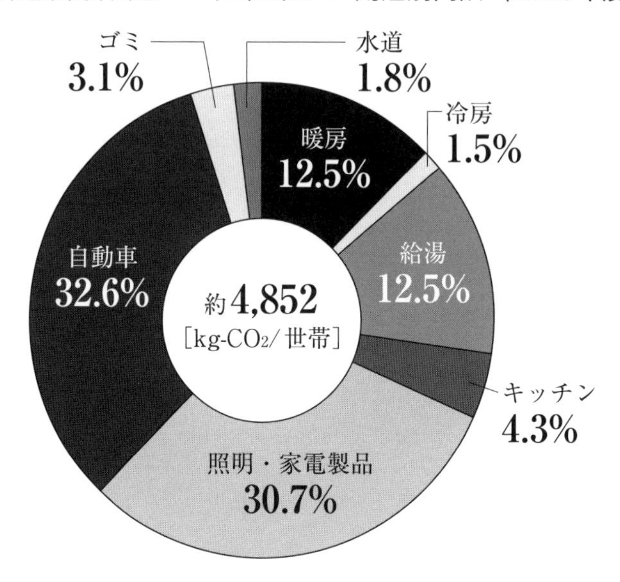

出典：温室効果ガスインベントリオフィス
全国地球温暖化防止活動推進センターセンターウェブサイト（http://www.jccca.org/）より

（C）世界の古紙回収率および利用率（2010年）

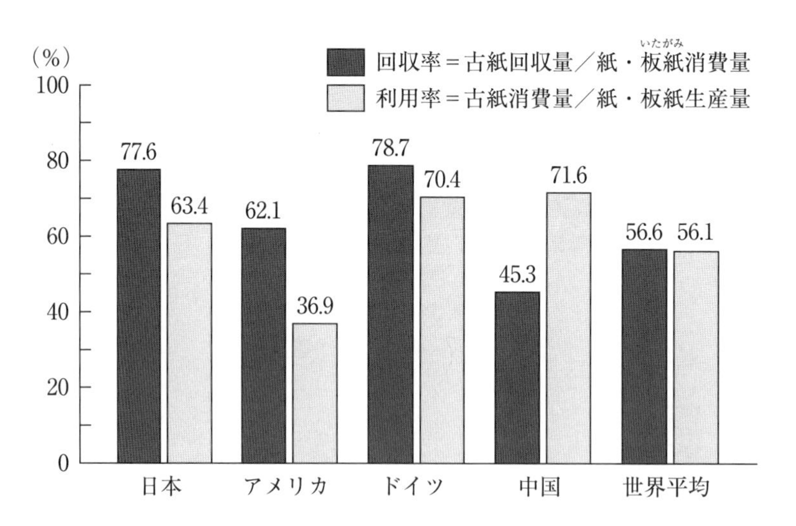

資料：RISI アニュアル・レビュー

重要表現

■読んでみよう(p.134)

1. ～とすれば　assuming that ～; supposing that ～　CD2-64

①仮に冷蔵庫の開閉時間と回数を半分に減らす**とすれば**、1年間で約1,670円が節約でき、約31kgのCO_2が削減(さくげん)できるそうだ。
②ストライキが2カ月も続く**とすれば**、経済に大きな打撃(だげき)をもたらすことになるだろう。

❶毎日新しい漢字を2個ずつ覚えるとしたら、試験までに＿＿＿＿＿＿＿＿＿＿ことになる。
❷このまま温暖化が進むとすれば、＿＿＿＿＿＿＿＿＿＿

2. ～にとどまる　be limited/confined to ～; not exceed ～　CD2-65

①大きな地震が起きたが、この建物は軽い被害**にとどまった**。
②今回の大雪は、北海道や北陸(ほくりく)**にとどまらず**、近畿(きんき)から九州にわたる広い範囲でも降った。

❶今や漫画は日本や若者だけにとどまらず、＿＿＿＿＿＿＿＿＿＿
❷今月は節電につとめたので、＿＿＿＿＿＿＿＿＿＿

3. ～割に　compared to ～; even though ～　CD2-66

①姉は「エコ、エコ」と言う**割に**、よく水を流しっぱなしにしている。
②あまり練習しなかった**割に**、本番ではよくできた。

❶よく食べた割に、＿＿＿＿＿＿＿＿＿＿
❷＿＿＿＿＿＿＿＿＿＿割に＿＿＿＿＿＿＿＿＿＿ということが多い。

4. ～に従って　following ～; in accordance with ～　CD2-67

①砂漠化が進む**に従って**、世界の動植物が減少し続けている。
②覚えた漢字の量が増える**に従って**、日本の新聞が読みやすくなってきた。

❶世界がIT化するに従って、＿＿＿＿＿＿＿＿＿＿

❷少子化が進むに従って、＿＿＿＿＿＿＿＿＿＿

年をとるとともに、物忘れがひどくなる。

5. A(が)、逆にB　although A, conversely B　CD2-68

①温度設定が低すぎると体調を崩す**が、逆に**我慢しすぎると熱中症になりかねない。
②テレビは大きいほうが値段が高い**が、逆に**デジタルカメラは小さいほうが高い。

❶子供の時は＿＿＿＿＿＿＿＿＿＿が、
逆に大人になると＿＿＿＿＿＿＿＿＿＿

❷日本では＿＿＿＿＿＿＿＿＿＿が、逆に＿＿＿＿＿＿＿＿＿＿では
＿＿＿＿＿＿＿＿＿＿

6. ～一方(で)　while ～ on one hand, . . . on the other　CD2-69

①日本は食べ物の半分以上を外国から輸入する**一方で**、１年に1900万トンもの食品を廃棄(はいき)している。
②教育現場で携帯電話をもっと活用しようという動きがある**一方**、携帯電話によるトラブルも増えている。

❶＿＿＿＿＿＿＿＿＿＿一方で、
パート、アルバイトなど非正規の従業員は増えている。

❷雨が降らず干ばつの被害が広がっている地域がある一方、＿＿＿＿＿＿＿＿＿＿
＿＿＿＿＿＿＿＿＿＿

■読んだあとで(p.138)

7. 〜に 限られる／限る **be limited to 〜 / not just 〜** CD2-70

①ゴミの回収日は、市に指定された曜日**に限られている**。
②寿司は、今では日本**に限らず**世界各国で人気である。

❶私の国では、＿＿＿＿＿＿＿＿＿＿＿＿＿＿＿＿に限られている。

❷日本の大学生に限らず、＿＿＿＿＿＿＿＿＿＿＿＿＿＿＿＿

時計はスイス製に限ると父は言う。

○読んだあとで：解答
（1）a. ×　b. ×　c. ○　d. ○　e. ○

文法・語彙練習

1. **助詞**　(　　) に、「は」以外の適当な助詞を入れなさい。

①明日の天気次第 (　　)、キャンプに行くかどうか決めよう。

②地球の環境保護 (　　) 必要なことは、みんなの意識改革だ。

③「がまんできる」(　　) する答えが予想以上に多かった。

④日本の大学生の大半 (　　) アルバイトをしている。

⑤奨学金（しょうがくきん）がもらえることになり、日本留学の夢 (　　) 実現することができた。

⑥かばん一つ (　　) 旅に出かけた。

⑦便利さ (　　) 引き換えに失ったものがたくさんある。

2. **助詞と動詞**　下の[　　]から適当な言葉を選び、必要なら形を変えて＿＿＿＿に書きなさい。また、(　　) には、「は」以外の助詞を入れなさい。

占める	がまんする	広がる	値する	かなわない	ある

①ジュースがないから、水 (　　)＿＿＿＿＿＿＿＿ことにした。

②最近、若者が車を買わなくなってきたというニュースは、注目 (　　)＿＿＿＿＿＿＿＿＿＿＿＿＿。

③コンピュータの使用には、世代間 (　　) 違い (　　)＿＿＿＿＿＿＿＿そうだ。

④日本の主な電力源は石油で、水力 (　　)＿＿＿＿＿＿＿＿割合は数パーセントだ。

⑤「どんなにテニスの練習しても、大野くん (　　) は＿＿＿＿＿＿＿＿よ」

⑥近年は毎年5～7万平方キロメートルのスピードで、砂漠 (　　)＿＿＿＿＿＿＿＿そうだ。

3. **自動詞・他動詞（1）**　下の[　　]から適当な動詞を選び、必要なら形を変えて＿＿＿＿に書きなさい。

受ける	広げる	とどめる	出す	抜く
受かる	広がる	とどまる	出る	抜ける

①リサイクルの輪を＿＿＿＿＿＿＿ために、近隣の会社や学校はともにリサイクル活動に取り組むべきだ。

②使った後に無駄なゴミが＿＿＿＿＿＿＿ないように、スーパーなどでも商品を簡易包装するところが増えている。

③最近の調査によると、ハイブリッド車が高級車を＿＿＿＿＿＿＿、一番人気になったそうだ。

④CO_2の排出を最小限に＿＿＿＿＿＿＿ために、合成洗剤ではなくせっけんを使うよう、自治体が勧めている。

⑤ももこ「あの劇団のオーディションを＿＿＿＿＿＿＿たら？」
由美子「ええー、でも＿＿＿＿＿＿＿かなあ」

4. 自動詞・他動詞（2）　下の□から適当な動詞を選び、必要なら形を変えて＿＿＿＿に書きなさい。

見つける	増やす	上げる	下げる	減らす
見つかる	増える	上がる	下がる	減る

①この階段を＿＿＿＿＿＿＿まっすぐ行くと、右手に環境衛生課があります。

②会社全体での禁煙促進運動として、ビル内で喫煙できる場所を10分の１に＿＿＿＿＿＿＿ことにした。

③昔は少なかったが、現代の日本では仕事が気に入らなければ転職をする若い人が＿＿＿＿＿＿＿いる。

④頭を＿＿＿＿＿＿＿頼まれたら、引き受けざるを得ない。

⑤おさむ「あの時なくした結婚指輪、見つかった？」
マーク「いやー、それがまだ＿＿＿＿＿＿＿んだ」

5. ～れる／～られる　下の[　　]から適当な動詞を選び、「～れる／られる」を使って＿＿＿に書きなさい。必要なら形を変えなさい。

失う	指摘する	見せる
得る	期待する	受け入れる

①電気自動車は次世代の車になるだろうと＿＿＿＿＿＿＿＿＿＿。

②この40年間で、ブラジル・アマゾンの熱帯雨林（うりん）は、20%近くも＿＿＿＿＿＿＿＿＿＿と言われている。

③上司からミスを＿＿＿＿＿＿＿＿＿＿、企画書を練（ね）り直した。

④友達に旅行の写真を何十枚も＿＿＿＿＿＿＿＿＿＿が、途中で嫌だとは言えなかった。

⑤会社に「週休三日」を提案したが、やはり誰にも＿＿＿＿＿＿＿＿＿＿。

⑥親の賛成は＿＿＿＿＿＿＿＿＿＿が、それでも私は一人暮らしを始めた。

6. ～ため（に）／～よう（に）　（　　）から適当な方を選びなさい。

①将来日本に住んで仕事をする（　ために・ように　）日本語を勉強している。

②約束の時間に遅れない（　ために・ように　）今日は早く家を出た。

③ビザを申請する（　ために・ように　）朝から大使館へ行ってきた。

④母の（　ために・ように　）、大好きな桃を買って帰った。

⑤ちょっとした時間にどこでもジョギングできる（　ために・ように　）、スポーツシューズを持ち歩いている。

⑥太陽の光がよく入る（　ために・ように　）、カーテンを開けた。

7. 副詞　下の[　　]から適当な副詞を選び、（　　）に入れなさい。

特に	あくまで	割に	今や	かなり

①（　　　　　　）コンピュータは一家に一台以上ある時代になった。

②子供向けの映画だと思っていたのであまり期待していなかったが、（　　　　　　）面白かった。

③ A：東京の生活はどう？

B：日本は物価が高いね。（　　　　　　）東京の物価は半端(はんぱ)じゃないよ。

④（　　　　　　）数字の上の話だが、今ある食糧で世界中のすべての人が食べていけるはずだ。

⑤「この問題、（　　　　　　）難しい。お手上げだ」

8. ～化　次の問題に答えなさい。

(1) 例のように、それぞれの意味を説明しなさい。

a. 温暖化　→　（地域や地球が）暖かくなること、気温が上がること

b. 機械化　→　＿＿＿＿＿＿＿＿＿＿

c. 悪化　→　＿＿＿＿＿＿＿＿＿＿

d. 映画化　→　＿＿＿＿＿＿＿＿＿＿

e. 砂漠化　→　＿＿＿＿＿＿＿＿＿＿

f. 省エネ化　→　＿＿＿＿＿＿＿＿＿＿

(2) (1) のa～fから適当な言葉を選んで（　　　）に入れなさい。

①地球の（　　　　　　）対策には、世界全体で取り組まなければならない。

②病気が（　　　　　　）して、入院することになった。

③会社では廊下の電球の数を減らしたり、太陽光を取り入れたりして、（　　　　　　）に取り組んでいる。

④（　　　　　　）が進んで、掃除や洗濯など家事が楽になった。

⑤このベストセラーは（　　　　　　）されて、来年の夏公開される。

⑥さまざまな地域の中でも、（　　　　　　）が最も深刻な問題となっているのはアフリカだ。

9. 環境の言葉 下の①～⑤の言葉と関連のある言葉を下の[　　]から二つずつ選び、例のように文を作りなさい。

タンカー事故(例)	重油(じゅうゆ)(例)	工場の煙	分別(ぶんべつ)
硫黄酸化物(いおうさんかぶつ)	紫外線(しがいせん)	森林伐採(ばっさい)	熱帯雨林(うりん)
リサイクル	フロン	空港建設	新幹線・高速道路

例）海洋汚染　（　タンカー事故　）（　　重油　　）

→　タンカー事故による重油流出事故で海洋汚染が広がった。

①ごみ　（　　　　　　　）（　　　　　　　）

→　＿＿＿＿＿＿＿＿＿＿＿＿＿＿＿＿＿＿＿＿＿＿＿＿＿＿＿＿

②酸性雨　（　　　　　　　）（　　　　　　　）

→　＿＿＿＿＿＿＿＿＿＿＿＿＿＿＿＿＿＿＿＿＿＿＿＿＿＿＿＿

③騒音　（　　　　　　　）（　　　　　　　）

→　＿＿＿＿＿＿＿＿＿＿＿＿＿＿＿＿＿＿＿＿＿＿＿＿＿＿＿＿

④オゾン層の破壊　（　　　　　　　）（　　　　　　　）

→　＿＿＿＿＿＿＿＿＿＿＿＿＿＿＿＿＿＿＿＿＿＿＿＿＿＿＿＿

⑤砂漠化　（　　　　　　　）（　　　　　　　）

→　＿＿＿＿＿＿＿＿＿＿＿＿＿＿＿＿＿＿＿＿＿＿＿＿＿＿＿＿

ユニット

9

45678910

食の共同性

読む前に

1 昨日の食事について、いつ、どこで、何を、誰と食べたか、クラスで話し合ってください。

2 次の考えについて、あなたの意見を述べ、話し合ってください。

a. 食べ物は質よりも量である。

b. 食事は一人でするべきではない。

c. 食事には時間をかけなくてよい。

d. 外食は極力避けるべきだ。

e. 食事をともにすることで人間関係が深まる。

3 あなたの国では、どんなときに大勢の人が集まって食事をしますか。
そのとき、共同で食事の準備をしますか。

4 これまでに経験した食事の中で、最も記憶に残っているのはどのような食事ですか。
それについて思い出して話してください。

新しい食の共同性を求めて

伝統的な食事を知る

これからの社会を人間にとってより楽しく充実したものにしていくためには、食という行為を人間に独特な社会性に沿って新しく見直すことが必要になる。

食事という行為は、人間にとって最も古い、しかしサルや類人猿にはないコミュニケーションの方法であった。それは人間が言葉を発明するずっと以前から人間と人間とを明示的に結びつけ、和解させ、共存させる手段だった。だからこそ、現代の人間も食べ物を贈り物として携えて人に会いに出かけ、人を歓迎するのに食事の場を設ける。人と人とが合意に達した証として、食事をともにする光景ほど説得力のあるものはない[1]。

現代は、民族、国家、地域、家族、世代などの境界があいまいになる一方で、突如（とつじょ）として新たな障壁が出現し、その間に予想もしなかった暴力が発生する時代である。自分の居場所に常に不安を感じる私たちにとって、食事は文化や世代の壁を平和に乗り越える手段として利用できるのではないかというのが私の考えである。言葉が文化や集団の象徴であるように、食事の内容や作法も家族や地域や民族の歴史を色濃く反映し、それぞれに個別の象徴的な意味をもっている。つまり、異なる地域や文化の出身者たちが食事をともにするということは、食事に表現されている文化や慣習をともに味わい楽しむことなのである。これは身体を通して[2]交換されるコミュニケーションであるがゆえに[3]、言葉よりあいまいで優しく、しかも[4]影響力の強いものである。（略）

食は他者との共存の場

アフリカの熱帯雨林でゴリラの調査をしながら、狩猟採集民の人々とともに暮らしていると、彼らの食事がみごとな共同作業によってつくり上げられていることを実感する。森で集められてきた食材は、またたくうちに各家族に分配され、調理され、そして共同の食事の席へと運ばれる。この間、老人も子どもも、女も男も、何がしかの役割を果たすように動く。それは、自分がその集団でどのような存在であるかを示す行為であるとともに、仲間に自分がどのように認知されているかを確認する行為でもある。まさに、食事という行為に向けて[5]人々の共同性が具現化していくわけである。しかも、それが誰に指図されるわけでもなく、あたかも当たり前のように、楽しくにぎやかに行なわれていくのは驚くべき光景だ。それぞれの人々が自分と仲間の関係を自覚し、状況に応じてそれをどのように表現したらいいかを心得ていなければ、これほど自然に共同作業が進行するはずはない。ここにこそ、食事という行為の原点があると私は思う。つまり、食事はある決まった型を実現することに人々の注意を向けるとともに、それぞれが状況に応じて他者との間で役割を確認しあいながら共同作業することを求めるのである。

私の研究室では、毎年春になると「山菜採り実習」を行なっている。大学院の学生たちと京都の北山に分け入って、コゴミ、ウド、タラノメなどの山菜を摘み、それをその日のうちに料理して味わうことにしている。目指す山菜がどこにあるのか、実際どんな姿をしているのか、図鑑を見ても判然とはしない。こればかりは経験が物を言う。一度やったことのある人なら難なく見つけるが、初心者にはどれもこれも同じように見えてしまい、的確に発見することができない。山菜はその日のうちに食べるので、採るのはあまり調理の必要のないものばかりだが、それでも可食部分を切りそろえ、湯通しをして和え物や味噌汁をつくったり、天ぷらに揚げたりするにはちょっとした手際(てぎわ)のよさが必要である。面白いのは、初心者の学生たちが自然に食事の準備の輪に入って役割を分担しはじめることである。まきを割るもの、火の管理をするもの、食器を洗うもの、食材を切りそろえるもの、といったように自分で参加する仕事を決める。それがみんなで呼吸を合わせるように組み合わされていくところに、野外の食事の醍醐味と楽しさがある。山菜料理は伝統的な調理法に従ってつくられるが、ときには変わった趣向を取り入れて思わぬ食材の組み合わせや味を試すものが出てくる。それを皆で賞味し、批評しあうのも楽しいひと時となる。

食事というものが実に単純で自然な仕掛けからできていて、こんなにも楽しいものだということを現代の人々はもっと実感すべきだろうと思う。人と会うことが苦痛な人も、人と話すことが苦手な人も、食事の場では食べることを理由に他者と共存できる。それが食事という場のもたらす美学であり、人間の社会性が保障する個人の権利である。食事は人が独りで生きていないということを体の奥底から実感させるものだと思う。なぜなら、食事という行為は、人類の進化の最初から他者と接することを前提としてつくられてきたからである。

サルや類人猿では競合の源泉である食を、仲間との共同の行為にするために、人間は遊びの要素を食事に付け加えた。遊びは力の強いものが自分を抑制して弱いものに合わせなければ持続しないし、楽しくはならない。すべてのものが積極的に参加しなければ盛り上がらないという特徴を持っている。だから、食事には遊びと同じように抑制と同調がつき

ものであり、楽しさという報酬が常に付与されている。現代の私たちもこの食事の原則を 57
忘れてはいけない。

（農山漁村文化協会刊『いま「食べること」を問う——本能と文化の視点から』伏木亨・山極寿一編著）

内容を確認しよう

(1) 筆者は何のために食事という行為を見直そうとしていますか。

(2)「(食事という行為は) 人間と人間とを明示的に結びつけ、和解させ、共存させる手段だった」(5行目) と書かれていますが、「明示的に結びつける」「和解させる」「共存させる」とは、食事に関する、どのような具体的行為と結びついていると考えられますか。

(3)「食事は文化や世代の壁を平和に乗り越える手段として利用できるのではないか」(11行目) というのが筆者の意見ですが、その根拠は何ですか。

(4) 地域や文化が異なる人たちが食事をともにすることが、「言葉よりあいまいで優しく、しかも影響力の強いもの」(16行目) であるのはなぜですか。

(5)「ここにこそ、食事という行為の原点があると私は思う」(29行目) の「ここ」とは何を指していますか。

(6) 狩猟採集民の食事と「山菜採り実習」に共通している点を挙げなさい。

(7) サルや類人猿の食事と人間の食事の違いは何ですか。

意見を述べよう

食は他者との共存の場であるという著者の意見に対して、具体的な体験談を交えて、あなたの意見を述べなさい。

読んだあとで

1. 次の文章を読んで、後の質問に答えてください。

コンンビニが提供する「個食」

20年前と現代とで、何が大きく変わってきたでしょうか。少子化、高齢社会、人口の減少など挙げることができますが、私は生活の単位としての世帯の人数が減ってきたことに注目しています。

具体的には、単身世帯、つまり一人暮らしの割合が、20年前と比べて約２割から約３割に増えました。２人世帯と合わせると、全世帯の約半数を占めます。

みずほ情報総研のレポートを参照すると、20年前も現代も一人暮らしで最も多いのは20歳代男性です。その数も20年前からほぼ横ばいです。しかし、その他の年代と性別では増加しています。（略）

これまで若者男性の食の担い手であったコンビニに、女性や中高年の来店が増えてきたのも、一人暮らしの増加と関連しているのではないかと思います。

コンビニが提供するのは、個人を単位とした食、すなわち「個食」なので、一人暮らしには便利に感じられるはずです。（略）

「個食」↗「共食」↘

「共食」という言葉は、日本の食文化研究の草分け的存在の石毛直道（いしげなおみち）氏が広めたとされます。世界各地の民族を調査してきて、どの民族にも共通するのが、１人だけで食べずに他の人と一緒に食べる「共食」が原則になっていることだと言います。「共食」の普遍的で最小の単位が家族です。

現代の日本ではその「共食」の最小単位が１人になってしまったと言えます。（略）単身者に行なうほとんどのアンケートで、夕食を誰と食べるかという問に対して、ほぼ毎日１人という答が約８割に上ります。

また、一人暮らしに限らなくても、約６割は週に３日以上１人で食事をしています。しかも、１人で食事をする場所として最も多いのは自宅です。

とはいえ、１人で食事をする「個食」を「孤食」のイメージからくる「寂しい」と捉えている人は少数派で、過半数は「自由」と捉えており、なかには「安らぐ」という人もいます。１人のほうがリラックスできると思っている人も少なくないのです。

（祥伝社刊（しょうでんしゃかん）『コンビニ食と脳科学（のうかがく）――「おいしい」と感じる秘密（ひみつ）』加藤直美（かとうなおみ）著）

ユニット9 食の共同性

（1）一人暮らしの世帯数はどう変化していますか。

（2）１人で食事をする人はどのくらいいますか。

（3）あなたは１人で食事をすることをどう思いますか。

（4）１人で食事をする人が増えていくと、個人や社会にどんな変化が現れると思いますか。

2. 下のグラフは、日本の子供の食事に関する調査です。グラフからどんなことがわかるか、また、何か問題があるか、クラスで話し合いましょう。

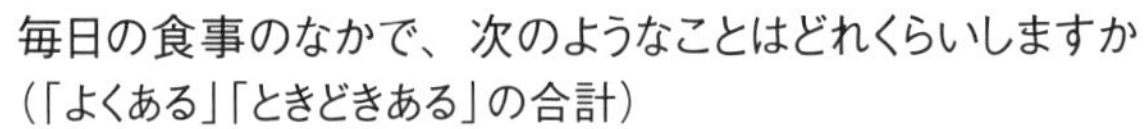

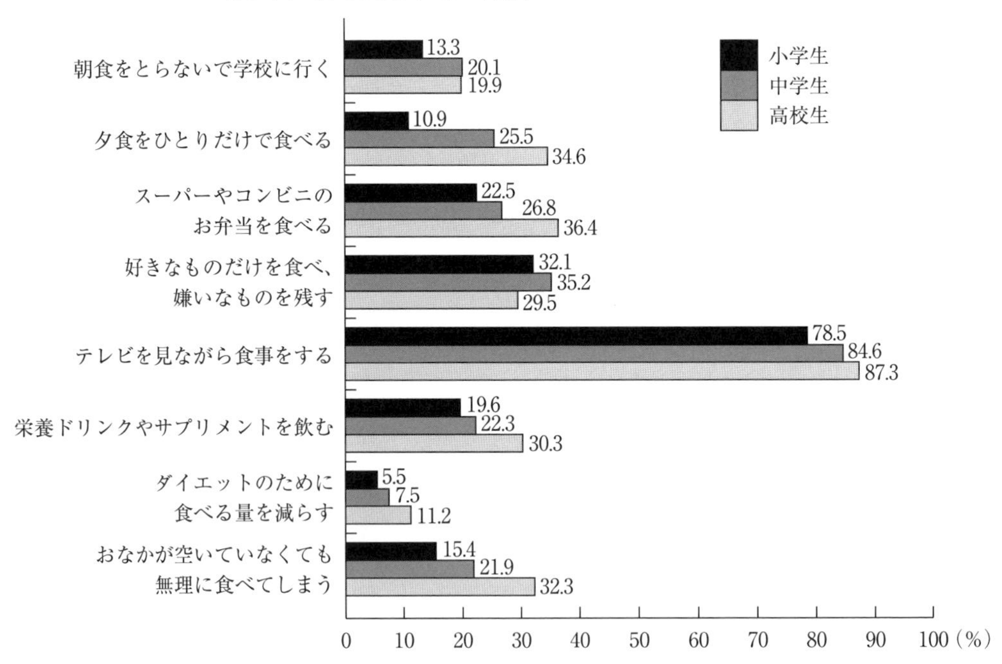

Benesse教育研究開発センター「第１回子ども生活実態基本調査」より（2004年実施）

3.「食」に関してあなたの国で問題になっていることを調べ、グラフや表を使ってわかりやすく説明してください。また、それについてどんな対策がとられているのか調べて、紹介してください。

重要表現

■読んでみよう(p.151)

1. ～ほど…は ない／いない　there is no . . . than ～　CD2-71

①鍋(なべ)料理**ほど**栄養のバランスがいい食べ物**はない**。

②祐介(ゆうすけ)：この国の人たちは食事に2時間もかけるらしいね。

真紀(まき)：彼ら**ほど**食事を楽しむ人たち**はいない**んじゃないかなあ。

❶日本ほど食料自給(じきゅう)率が＿＿＿＿＿＿＿＿＿＿＿＿＿＿＿＿＿＿思う。

❷＿＿＿＿＿＿＿＿＿＿＿＿＿＿＿＿ほど身体によくないものはない。

2. ～を通して　by means of ～; through ~; via ～　CD2-72

①食**を通して**、その地域の文化や歴史を知ることができる。

②この本は、旅でのさまざまな出会いや発見**を通して**、日本の魅力を紹介している。

❶ボランティア活動を通して、＿＿＿＿＿＿＿＿＿＿＿＿＿＿＿＿

❷＿＿＿＿＿＿＿＿＿＿を通して、＿＿＿＿＿＿＿＿＿＿＿＿＿＿

を学んだ。

3. ～(が)ゆえに　because of ～; on account of ～　CD2-73

①日本の農業は保護されてきた**がゆえに**、国際的な競争力を失ったという見方もある。

②彼は経験が豊富である**がゆえに**、どんなときも落ち着いて的確な指示を出すことができる。

❶祖父は貧しさゆえに＿＿＿＿＿＿＿＿＿＿＿＿＿＿＿＿＿＿＿＿

❷＿＿＿＿＿＿＿＿＿＿＿＿がゆえに、私たちは食べ物のありがたさを忘れがちだ。

4. しかも　moreover; furthermore　CD2-74

①これ以上簡単な料理はない。**しかも**、ほっぺたが落ちるほどおいしい。
②山田君はいつも夜中に電話をしてくる。**しかも**、話が長い。

❶ A市は福祉が充実していて、しかも、＿＿＿＿＿＿＿＿＿＿＿＿＿＿＿＿。だから、引っ越してくる人が多い。

❷ 最近、辞書なしで新聞が読めるようになってきた。しかも、＿＿＿＿＿＿＿＿＿＿＿＿＿＿＿＿

5. ～に向けて　(in preparation) for ～; for the purpose of ～　CD2-75

①日本のあるコンビニ会社は、海外進出**に向けて**準備を進めている。
②子供たちの体力向上**に向けて**、家庭、学校、地域が協力していかなければならない。

❶ 夏に向けて、＿＿＿＿＿＿＿＿＿＿＿＿＿＿＿＿

❷ ＿＿＿＿＿＿＿＿＿＿＿＿＿＿＿＿、夜も寝ずにがんばっている。

文法・語彙練習

1. 副詞的表現 下の□の中から適当な言葉を選び、(　　) に入れなさい。

突如（とつじょ）として	常に	まさに	あたかも	難なく	ときには

①竹下選手は40キロ地点でスパートをかけ、優勝した。(　　　　　) われわれの予想どおりだ。

②すぐに返事ができるよう、携帯は (　　　　　) ポケットに入れている。

③健康のために、夜食をやめるよう医師から言われた。難しいだろうと思っていたが、(　　　　　) やめることができた。

④仕事も私生活も充実しているが、(　　　　　) 将来に不安を感じることもある。

⑤(　　　　　) 湖から魚が捕れなくなってしまった。現在、原因を調査中だ。

⑥今回の事故について、彼は (　　　　　) 自分には責任がないかのように説明した。

2. 動詞 下の□から適当な動詞を選び、必要なら形を変えて＿＿＿に書きなさい。

設ける	達する	分担する	もつ
果たす	向ける	ともにする	

①両者は話し合いの場を＿＿＿＿＿＿、何度も議論を重ねて合意に＿＿＿＿＿＿。

②二人の警官は危険を避けるため、行動を＿＿＿＿＿＿いる。

③自分のしている仕事の＿＿＿＿＿＿意味と＿＿＿＿＿＿役割をしっかり自覚することが大切だ。

④子供は自分に注意を＿＿＿＿＿＿ほしいため、わざと暴力的な行為をすることもある。

⑤「買い物をする人、料理をする人、飾り付けをする人、ゲームの準備をする人というふうに、仕事を＿＿＿＿＿＿は、どうでしょうか」

3. **助詞と動詞**　下の□から適当な言葉を選び、必要なら形を変えて＿＿＿に書きなさい。また、（　　）には、「は」以外の助詞を入れなさい。

沿う	する	応じる	通す	向ける

①あらかじめ設定された年間スケジュール（　　）＿＿＿＿＿＿＿＿、学習が進められる。

②翔太(しょうた)には結婚を前提（　　）＿＿＿＿＿＿＿＿付き合っている彼女がいる。

③同じ内容のメールでも、「よろしくお願いいたします」「よろしく！」「頼んだよ～」など、相手（　　）＿＿＿＿＿＿＿＿言葉を使い分けている。

④二酸化炭素削減(さくげん)（　　）＿＿＿＿＿＿＿＿、いろいろな対策が進められている。

⑤「市が開催する春のイベントに参加を希望する大学生は、それぞれの大学の事務所（　　）＿＿＿＿＿＿＿＿、市に申し込んでください」

4. **接続詞など**　（　　）から適当な方を選びなさい。

①その和菓子は、食べるのが惜しいほど見事な色と形で、（　ただ・しかも　）とてもおいしい。

②旬(しゅん)の食べ物は栄養価が高く、値段が安い。（　つまり・さらに　）旬の食べ物は家計にも体にもやさしいのだ。

③一人暮らしの学生で、料理をしない人が増えている。（　なかには・なかでも　）毎食、外食という人もいる。

④うちは８人の大家族だ。（　とはいえ・というのは　）食事の時間はばらばらで、全員が揃うことはめったにない。

⑤日本たばこ産業の調査によると、30歳代男性の47％は喫煙者だ。（　とはいえ・すなわち　）ほぼ２人に１人がたばこを吸っているということだ。

5. **語彙の選択**　下の□から適当な語句を選び、必要なら言葉を補って文を完成させなさい。

またたくうちに	壁を乗り越える	輪に入る	物を言う	色濃く

①宴会は知らない人ばかりだったが、彼女が声をかけてくれたので話の＿＿＿＿＿＿＿＿＿＿＿＿＿＿＿＿。

②資格が＿＿＿＿＿＿＿＿時代だから、私は子育てをしながら調理師、ソムリエ、野菜ソムリエの資格を取った。

③楽しい時間は＿＿＿＿＿＿＿＿＿＿＿＿、また、忙しい日常が始まる。

④海外に赴任(ふにん)して一番大変だったのは、やはりコミュニケーションだ。＿＿＿＿＿＿＿＿＿＿＿＿＿＿＿＿ために大変な努力をした。

⑤旅行者数の増減には、景気の影響が＿＿＿＿＿＿＿＿表れている。

6. はず／わけ （　　）から適当なものをすべて選びなさい。

①健太(けんた)：冷凍のカレーがこんなにおいしい（　はずではない・わけではない・はずがない・わけがない　）よ。

恭子(きょうこ)：そう思うでしょう？ でも、本当に冷凍食品だよ。

②「検査の結果、肝臓(かんぞう)が悪いことがわかったんだ。どうりで食欲がない（　はずだ・わけだ・はずだった・わけだった　）」

③４月に入社する（　はずだ・わけだ・はずだった・わけだった　）が、わけあって10月に入社することになった。

④英二(えいじ)：仕事が忙しくて、３日ぶりに家に帰るんだよ。

祥子(しょうこ)：会社に泊まってたって（　はず・わけ・こと・もの　）？

⑤飽食(ほうしょく)の時代といわれているが、皆が豊かな食事をしている（　はずではない・わけではない・はずがない・わけがない　）。学生の中には菓子パンと缶コーヒーで済ます人も多い。

7. 「ところ」を使った表現 （　　）の中の動詞を、下の［　　］の言葉を使って適当な形に変えなさい。

ところに　ところ　ところを見ると　ところによると　ところだ

①今、受賞の知らせを（受け取る →　　　　　　　　　）から、まだ実感がわかない。

②もう出版していない本や、百年以上も前に書かれた本に（出会える→　　　　　　　）古本屋のよさがある。

③彼女が（否定しない→　　　　　　　　　　）、その噂(うわさ)は本当なんだろう。

④（聞く→　　　　　　　　　　）、学食は４月から違う業者が入るらしい。

⑤１カ月の食生活を（調べる→　　　　　　　　　　）、健康に問題が起きそうな学生が20％もいた。

8. こと／の　「こと」「の」「こと・の（どちらも可）」から適当なものを選んで（　　）に入れなさい。

①ミラさんが歌っている（　　　　）が聞こえる。

②松下さんに怒られた（　　　　）は今日が初めてだ。

③「明日の会議のこと、阿部さんに言う（　　　　）を忘れちゃった。あとで言わなきゃ」

④前日もスピーチの練習を何度もしたのに、本番では緊張しすぎて、言う（　　　　）を全部忘れてしまった。

⑤「来週お会いできる（　　　　）を楽しみにしています」

⑥飼い猫が新聞を読む（　　　　）を邪魔して困る。

⑦日本料理の店で働いて、何よりも素材が大事である（　　　　）を実感した。

ユニット

10

笑いのちから

読む前に

1 あなたが、日々の生活の中で笑うのはどんな時ですか。最近、大笑いしたことがありますか。

2 日本語には「喜怒哀楽（きどあいらく）」という言葉があります。あなたはどんなときに「喜怒哀楽」を感じますか。それぞれの具体例を挙げてみましょう。

気持ち	状況
喜び	
怒り	
哀しさ	
楽しさ	

3 上で挙げた「喜怒哀楽」の感情やそれに伴う状況は、人間の心と体にどのような影響があると思いますか。

4 「笑う門には福来たる」とはどんな意味だと思いますか。また、あなたの国に、笑いに関係することわざがありますか。

5 笑いには、いろいろな笑いがあります。①～⑥の笑いに当てはまる言葉を、下のａ～ｆから選んでください。

①（　　）仕事中、昨日見た漫才のネタが頭に浮かんで、思わずニヤニヤしてしまった。

②（　　）あいつはこんな基本的なこともできないんだ。笑っちゃうよ。

③（　　）先生の冗談に、教室中がどっと笑った。

④（　　）プレゼンで失敗しちゃって、笑ってごまかすしかなかったよ。

⑤（　　）宿題は犬が食べちゃったって言ったら、先生、笑ってたよ。

⑥（　　）接客で大切なことは、どんな嫌なことがあっても、顔は笑っていることです。

a. 苦笑い	b. 愛想笑い	c. 爆笑
d. 嘲笑	e. 思い出し笑い	f. 照れ笑い

読んでみよう

笑いの効能

「笑い」は人を健康にする？

米国のカール・サイモントという医学博士は「笑いは神経系、循環系、内分泌系、免疫系をはじめとする[1]人体の系や器官に深い作用をおよぼす。笑いはまたとない良薬という古い言葉が、先端科学の助けを借りてあらためて理解される時がきた」と言っている。

最近、この笑いの生理が、健康にどんな作用をするかという実験や観察結果が多数報告されている。

岡山の柴田病院に勤務する内科医で難治疾患研究部の伊丹仁朗（いたみじんろう）博士は、「笑い」には最良の健康グッズが詰まっていると指摘して、10年ばかり前から、ご自分が担当する、重症患者と吉本興業の劇場観客を対象に、私たちも協力して研究を重ねてきた。

その結果、笑う前と３時間ばかりの爆笑後の血液検査のデータでは、ＮＫ（ナチュラル・キラー）細胞、つまり免疫細胞が数倍増加していることを確認したという。

彼は「キラー細胞が笑いによってガンを攻撃（こうげき）破壊する能力が増強された。もう一つの検査項目としてヘルパーＴ細胞とサプレッサーＴ細胞の比率も測定。高いと膠原病やリュウマチなど自己免疫疾患になりやすいが、３時間笑うと、低すぎる人は高く、高すぎる人は低く、正常値の方向に向かうことが分かりました。つまり膠原病やリュウマチの免疫異常も改善させる効果があるのです」。

また、筑波大学の村上和雄（むらかみかずお）教授も糖尿病患者を対象とした調査で、吉本興業のタレントの笑芸観覧後の血糖値が急激に降下したという確認を発表している。

このように、医学界も笑いの人体に有効な効果の研究を開始した。

しかし、それだけで笑いが健康に関係することが決定づけられるのだろうか。その解明が未だなされていない[2]。

「笑い」は、ヒアリングとビジュアル、つまり視神経・聴覚神経を伝わり脳神経に作用する。受けた脳神経は副交感神経を刺激してあらゆる臓器（ぞうき）が呼応、健康体の結果を生み出すのではなかろうか？　といった仮説を立て、それを実験検証して確証を得るのが医学分野のカテゴリーであるというのである。

学者ら集まり「笑いと健康学会」結成

そこで、その仮説をもとに笑いが人体にどのような影響を及ぼすのかを実験、検証するため、この度、東西の医学者・文化人を糾合して「笑いと健康学会」を東京にて結成した。この学会で笑いと健康の因果関係が解明されれば、大衆の健康増進へ大いに貢献できるという切なる願いを込める。

この学会の会員である医学・工学博士で元東京大学先端科学技術センター教授の松本博志（まつもとひろし）さんは、心筋梗塞の原因となる冠状動脈の詰まり具合をレーザーで外から調べる技術を開発した循環器研究所の所長である。

彼は「エンドルフィンやインシュリンは、循環器が受け取りＯＫしなければ分泌されません。笑うと感覚の神経が反応を受けます。受けた脳が自律神経に信号を送り、心臓や血管系などの循環器に影響を与えるのです。帝京平成大学での医学調査の結果、笑いが盛り上がるにしたがって、健康にプラスするらしいというデータが出ました。誰も手のつけていない分野なので、希望学生らと研究を続けたい」と語った。また「吉本さんにもご協力頂いて、劇場で笑ったあと、何時間かその影響が残っていることの証明ができると思います。免疫力が上がり血糖値が下がるといった可能性が証明されれば、笑いと健康の因果関係が究明できます」と言い切った。（略）

笑っちゃいけない「笑いは長寿薬（ちょうじゅ）」

ともあれ、高齢化社会が現実になりつつあるこんにち、総じて健康でなければならない。こんなことは、子供でも分かることであるが、世間に転がっている薬が「笑い」であるとは笑ってしまうが、笑ってはいけないのだ。私たちは、人間にしか与えられていないこの素晴らしい生理をフル活用して過ごさねば、氾濫する膨大な情報戦争に立ち向かい、豹変著しい生活環境のストレスから逃れられない。

（神戸新聞総合出版センター（こうべしんぶんそうごうしゅっぱん）刊（かん）
『よしもと 笑いのDNA～大阪・ミナミ・千日前（せんにちまえ）…上方演芸裏（かみがたえんげいうら）ばな史（し）～』竹本浩三（たけもとこうぞう）著）

内容を確認しよう

(1)「笑いはまたとない良薬という古い言葉が、先端科学の助けを借りてあらためて理解される時がきた」(3行目) とカール・サイモント医学博士は言っていますが、どういう意味ですか。

(2)「笑い」が人を健康にするという説を、それぞれまとめなさい。

①伊丹仁朗博士

②村上和雄教授

③松本博志元教授

(3)「笑いと健康学会」(28行目) の結成目的は何ですか。

(4)「笑っちゃいけない『笑いは長寿薬』」(42行目) とはどういう意味ですか。

(5) 筆者は、笑いを何のために活用すべきだと言っていますか。

意見を述べよう

笑いは人を健康にすると思いますか。また、笑いの効果には、他にどんなものがあると思いますか。

読んだあとで

1. あなたの国にも笑いの芸能がありますか。それはどのようなものですか。

2. 日本の笑いの芸能を知っていますか。それについてどう思いますか。

3. 次の文章を読んで、質問に答えましょう。

落語って？

　落語は江戸時代から続いている芸能です。観客を笑わせたりするということが、その大方の目的だということは、みなさんもおわかりですね。

　落語は落語家が高座（舞台）に上がって、観客に向かって噺（はなし）をするわけですが、同じ舞台でもたとえば舞台俳優さんとは少し趣（おもむき）がちがいます。

　俳優さんが舞台でお芝居をする場合は、その……スポットライトが当たらなくてはなりませんし、俳優さんはいちいち観客席の反応によって芝居を変えるといったこともないと思います。

　ところが落語の場合は、だいたいが観客の反応を細かく見ていく必要があるといった具合なのです。（略）

　また、俳優さんの世界にも「一人芝居」という特殊なものもありますが、大方は複数の俳優さんが出演して自分に与えられた役を演技すればよいわけです。まあいずれにしても、きちんとした台本はあると思います。

　これに対して落語家は、一人一役などというのはきわめて少なく、一人でいろんな役を演じるのがふつうです。（略）

　小道具は扇子（風）と手ぬぐい（まんだら）だけ。また落語は江戸時代などの古典ものが多いので、どうしても着物が落語家の定番衣装になります。逆に言うなら「着物と扇子と手ぬぐい」さえあれば、どんな場所でも落語を披露（ひろう）すること

19 ができるということなのです。(略)

20 「落語とはなに？」と聞かれて一言で答えるのはむずかしいと思います。

なぜなら落語は、長い年月をかけて独自に熟成をとげてきた日本特有の芸能だからです。「これだ」というふうに言いきることもできませんが、一般的には滑稽な話であることが多く、オチ（またはサゲ）がつく話のことでもあります。

つまるところ落語は、落語家が高座（舞台）で人の世界の人情のようなものを、

25 わかりやすいストーリー（スジ）で、タイミングを狙った結末（オチ）を用いて描いてゆくものだと思います。

おまけに落語というのはご存じのとおり、現代の生活とは異なる時代をあつかったものが多いわけです。にもかかわらず時代をこえて共感できるのは、人情の表現や人生の哀歓のようなものが現代に十分通じるものであるということだと思い

30 ます。古典落語が今日にいたるまで生き続けてこれたのは、実はこの点につきるのだと思います。

（PHP研究所刊『笑いのコミュニケーション！［入門］落語の楽しみ方』柳家小団治編著）

（1）落語とふつうの芝居との違いは何ですか。

（2）「落語」とは何ですか。

（3）古典落語はなぜ今でも人気があるのですか。

4. あなたの住んでいるところで落語が聞けたら、聞きに行ってみましょう。なければ、インターネットや図書館などで検索してみましょう。今では日本語以外の外国語による落語もあります。

重要表現

■読んでみよう (p.166)

1. ～をはじめとするN／～をはじめとして　N such as ～ / starting with ～　CD2-76

①歌舞伎や落語**をはじめとする**伝統芸能は、現代でも多くの人々に愛されている。

②酪農(らくのう)は、北海道**をはじめとして**、日本各地で広く行われている。

❶ _______________をはじめとする_______________は、健康にいいと言われている。

❷学生時代は_______________をはじめとして、_______________

2. いまだ　ever; still; yet　CD2-77

①世界では多くの人が、**いまだ**電気も水道もない生活をしている。

②彼は70歳になるが、パワフルな歌声は**いまだ**健在だ。

❶ _______________についてはいまだ詳細(しょうさい)がわかっていない。

❷事件が起こって10年たつが、いまだ_______________

3. ～にて　at ～; in ～　CD2-78

①明日の企画会議は、第３会議室**にて**行います。

②『城の崎(きのさき)**にて**』は、志賀直哉(しがなおや)の有名な短編小説だ。

❶来週から_______________にて、新４年生向けの就職相談が始まる。

❷ _______________にて_______________が行われる予定だ。

人生において最も大事なことは何か、考え続けていく。

4. ～を込める／～が込められる　put ～ into; with (the feeling of) ～ / ～ is put into

CD2-79

①姉：あっ、チョコもらったの？ 手作り？
　弟：うん。クラスメートから。「愛情**を込めて**作りました」って。
　姉：すごーい。本命チョコじゃない！
②子供の名前には、親の期待**が込められている**ことが多い。

❶気持ちを込めて＿＿＿＿＿＿＿＿＿＿＿＿＿＿＿＿＿＿＿＿

❷この映画には、＿＿＿＿＿＿＿＿＿＿＿＿＿＿願いが込められている。

5. ～ねば　must ～; have to ～

CD2-80

①やるなら思いっきりやら**ねば**！
②一刻(いっこく)も早く対応せ**ねば**、あとで莫大(ばくだい)な損害が出ることになるだろう。

❶＿＿＿＿＿＿＿＿時は＿＿＿＿＿＿＿＿＿＿＿＿＿＿ねばならない。

❷＿＿＿＿＿＿＿＿＿＿＿＿＿＿＿＿＿＿＿＿ねば大変な問題になるだろう。

文法・語彙練習

1. 助詞　（　）に、「は」以外のひらがなを一字入れなさい。

①早退するときは、一応、許可（　　）得てからにしてください。

②まっすぐ北（　　）向かって歩くと、左側に銀行があります。

③短期間に筋肉（　　）増強されることから、ステロイドを使用するスポーツ選手が後を絶(た)たない。

④喫煙が肺がんの一番の要因である（　　）指摘されている。

⑤調査結果（　　）もと（　　）、さらに新薬開発を進めていく計画だ。

⑥忙しい毎日（　　）（　　）逃れるため、温泉旅行に行って心の洗濯をした。

⑦大学生（　　）対象（　　）、新製品のアンケートを行った。

2. 助詞と動詞　下の□から適当な動詞を選び、必要なら形を変えて＿＿＿に書きなさい。また、（　）には、「は」以外の助詞を入れなさい。

及ぼす　よる　はじめとする　従う　込める　重ねる

①毎日、何時間ものリハーサル（　　）＿＿＿＿＿＿、本番にのぞんだ。

②小学生が覚える漢字の数は、学年（　　）＿＿＿＿＿＿異なる。

③長年にわたる経済不況は、各方面に多大な影響（　　）＿＿＿＿＿＿。

④キャベツ（　　）＿＿＿＿＿＿繊維(せんい)の多い野菜は、腸にいいらしい。

⑤指導教官や先輩のアドバイス（　　）＿＿＿＿＿＿、就職活動をした。

⑥折(お)り鶴(づる)にはさまざまな祈り（　　）＿＿＿＿＿＿。

3. 副詞的表現　下の□から適当な言葉を選び、（　）に入れなさい。

総じて　ともあれ　急激に　改めて　つまり

①今回のことで、原田君がどんなに優しい人か（　　　　）わかった。

②大阪の人は（　　　　）歩くスピードが速い。

③先生は「漢字の道は一日にしてならず」と言った。（　　　　　）少しずつ勉強するしかないというわけだ。

④（　　　　　）熱が上がったので、慌てて病院に行って、インフルエンザの検査を受けた。

⑤何度も挫折（ざせつ）しそうになったが、（　　　　　）卒論を無事書き上げることができた。

4. 接続詞など　下の□から適当な言葉を選び、（　　）に入れなさい。

そこで　ところが　しかし　また　その結果

①言われたとおり、約束の時間に店に行った。（　　　　　）、友人はまだ来ておらず、連絡もなく、その後30分も待たされた。

②京都は春なら美しい桜が見られる。（　　　　　）、秋なら紅葉狩（もみじが）りもいいものだ。どちらにしても、京都を観光するなら、春か秋をお勧めする。

③散歩中、急にカレーライスが食べたくなった。（　　　　　）携帯サイトでおいしい店を調べて行ってみた。

④つくば市在住の20～50歳の男女2,000名に、日常行っているスポーツについて尋ねた。（　　　　　）、全体の15％がジョギングまたはランニングをしていると答えた。

⑤運動は体にいいと言われている。（　　　　　）やり過ぎはよくない。

5. 論文の動詞　下の□から適当な動詞を選び、必要なら形を変えて＿＿＿に書きなさい。動詞は一度だけ使えます。

理解する　発表する　解明する　証明する　なす　立てる

①長い間難病とされてきた病気の原因が＿＿＿＿＿＿＿＿＿＿。

②実験を行う前には、仮説を＿＿＿＿＿＿＿＿＿＿のが必須（ひっす）である。

③日本語の聞きとりがうまくなれば、落語が＿＿＿＿＿＿＿＿＿＿ようになるだろう。

④教授は５年間にわたる実験の結果を、次の学会で＿＿＿＿＿＿＿＿＿＿そうだ。

⑤この問題についての研究は、今まで何も＿＿＿＿＿＿＿＿＿＿ていない。

⑥この論文では、緑茶ががん予防に効果があることを＿＿＿＿＿＿＿＿＿＿たい。

6. 語彙の選択　下の［　　］から適当な言葉を選び、（　　　）に入れなさい。

切なる	またとない	あらゆる	及ぼす	こえて

①ノーベル賞受賞者の話が聞けるなんて、（　　　　　　）機会だから、ぜひ行ってみようと思う。

②この歌は時代を（　　　　　　）歌い継がれている。

③「彼の（　　　　　　）思いがついに伝わって、あの一目惚れ（ひとめぼ）の彼女と付き合うことになったらしいよ」

④過剰なストレスは体中にさまざまな影響を（　　　　　　）ことが確認されている。

⑤会議では、どんな反対意見が出るかわからないので、（　　　　　　）場合を想定して準備している。

7. カタカナ・英字を活用した言葉　下の言葉の意味を一文で説明しなさい。

①受け取りＯＫする：＿＿＿＿＿＿＿＿

②フル活用する：＿＿＿＿＿＿＿＿

③エコ減税：＿＿＿＿＿＿＿＿

④ストレス解消グッズ：＿＿＿＿＿＿＿＿

⑤ノー残業デー：＿＿＿＿＿＿＿＿

⑥無料サポート：＿＿＿＿＿＿＿＿

8. 感情を表す言葉　①〜⑥と同じ意味、または最も近い意味を表している言葉を下の［　　］から一つ選んで（　　　）に書きなさい。また、それを適当な形に変えて文を作りなさい。

喜んでいる(例)	気が重い	がっかりしている	落ち着かない
腹を立てている	胸が痛む	びっくりしている	

例）うれしい　＝　（　喜んでいる　）

太田さんの家族は、３日ぶりに猫が家に戻ってきたことをとても喜んでいる。

①心配している　＝　（　　　　　　　　　　　　　）

②驚いている　＝　（　　　　　　　　　　　　　）

③怒っている　＝　（　　　　　　　　　　　　　）

④不安だ　＝　（　　　　　　　　　　　　　）

⑤残念に思う　＝　（　　　　　　　　　　　　　）

⑥気が進まない　＝　（　　　　　　　　　　　　　）

文法・語彙練習

ユニット 1　p. 22

1. ①(に／と) 組み合わせる　②(を)(に) 打ち明ける　③(を) 与えない　④(が) たまる／たまっている　⑤(を) 挙げて　⑥(と)(を) 比べる　⑦(に) 傷つけられた／(を) 傷つけた
2. ①うなずく／うなずいて　②知れ、知る　③高けれ、高い　④する／した　⑤したくなく／しなく
3. ①ぼうっと、はっと／どきっと　②すきっと　③じっと　④どきっと／はっと　⑤そっと　⑥むっと　⑦ほっと／すきっと
4. ①場合じゃない　②場合によって　③場合もある　④場合もある　⑤場合には
5. ①よほど／けっこう　②もちろん　③特に　④即座に　⑤けっこう／特に　⑥なおさら
6. ①戸惑った／戸惑っている　②付き合う　③問い掛ける　④留めて　⑤区切って
7. ①者：にんきもの　②手：うんてんしゅ／員：うんてんいん　※大型機器などの操作をする人は「運転員」　③屋：さびしがりや　④家：せいじか　⑤屋：めだちたがりや　⑥家：おんがくか　⑦家：せつやくか　⑧員：えきいん　⑨屋：はずかしがりや　⑩者：かがくしゃ
8. ①寂しがり屋　②照れ屋だ　③おせっかいだ　④おとなしい、おしゃべりな　⑤楽天的な　⑥社交的な
9. ① c〔**解答例**〕新入りのみち子さんは、疲れているときに熱いお茶を出してくれる気がきく人だ。
   ② e〔**解答例**〕今度発売された新製品はとても気に入っている。
   ③ a〔**解答例**〕お体に気をつけてください。
   ④ d〔**解答例**〕今度の転校生はかわいくて、気になってしかたがない。
   ⑤ b〔**解答例**〕精一杯やるだけのことはやったので、もう気がすみました。

ユニット 2　p. 38

1. ①(に) 従って　②(を)(で) 囲んで／(に)(を) つけて　③(を) 上回っ　④(に) 達し／(を) 上回っ　⑤(を) 比較する　⑥(に) つく／ついている　⑦(に)(を) 覚え　⑧(を) つける　⑨(に) すぎない　⑩(を) 失って／(が) 失われて
2. ①わけではない　②わけにはいかない　③わけではない　④わけにはいかない　⑤わけがない
3. ①はずだ　②はずだった　③はずがない　④はずではなかった　⑤はずがない
4. ①によって　②に対して　③に関して／に対して　④に関して　⑤によって
5. ①決して　②いったい　③いっさい　④いくら　⑤めったに　⑥多くて
6. ①めったに　②たまに　③ろくに　④全く　⑤やはり　⑥おそらく
7. ①言った　②降る　③乗っている　④いる　⑤借りて
8. ①寂しげ　②自信ありげに／自信がありげに　③悲しげ　④優しげな　⑤物欲しげに
9. ①ふるまっている／ふるまう　②よそおう　③表明する　④期待する／期待している　⑤抱く／抱いている
10. ①関する　②よる　③傾向(ただし２回目は「結果」でも可)　④回答した　⑤程度　⑥超え　⑦対象　⑧一方　⑨占め　⑩続い　⑪結果

ユニット 3　p. 54

1. ①で、は、に／と　②と、の　③に　④に　⑤で　⑥を
2. ①励まし　②経て　③含めて　④隠して　⑤衰えて
3. (1) a. 守る　b. する　c. ふるう　d. 先取りする　e. かみしめる
   (2)〔**解答例**〕①腕をふるう　②時代を先取りしていた　③公にした　④幸せをかみしめた　⑤家庭を守る
4. ①重ね合わせて　②問い合わせた　③見合わせ　④打ち合わせる　⑤組み合わせて
5. ①選ぶ　②話し合った　③了解した　④数字の

⑤早い

6. 〔**解答例**〕①育児休暇の　②職場に復帰する（という）　③京都市に住んでいる　④連載を開始した／連載が始まった
7. ①悩み　②自身　③自立　④意欲　⑤逆転　⑥両立
8. ①主人公　②設定　③作者　④ドラマ　⑤掲載　⑥発売　⑦出版社　⑧読者　⑨物語
9. 〔**解答例**〕
   ①騒音被害の実状を知ってほしい。ドキュメンタリー映画が５月３日に上映される。
   ②企業についての情報の不足が、転職するときなどの壁になっている。
   ③紫外線対策として、男性向けの日傘が好調に売れている。
   ④父親の育児休暇に理解を示してほしい。（育休を）取得できる環境作りが必要である。
   ⑤卒業生がプロデビューもした／果たした。マンガ専攻のある大学は10校以上になった。

ユニット 4　p. 70

1. ①（を）意味する　②（に）応じて　③（よ）（う）催促しよう／催促するつもりだ／催促しようと思っている　④（が）伝わら　⑤（を）断ら　⑥（を）誤解して
2. ①ずっと／ずいぶん　②ぜったい　③ずいぶん　④さすがに　⑤まず／ぜったい／おそらく　⑥おそらく／まず　⑦要するに
3. ①ソフト　②効果　③ナンセンス　④曖昧　⑤明確　⑥否定　⑦単純
4. ①ａ〔**解答例**〕座ってはいけない／座るな　②ａ〔**解答例**〕思ってもいなかった／思いもしなかった　③ｂ〔**解答例**〕絶対行かない　④ｂ〔**解答例**〕わかりません
5. ①持ち上げ　②仕上げる　③引き上げて　④盛り上がる　⑤持ち上がった　⑥仕上がる／仕上げられる　⑦見上げる
6. ①できる　②しよう　③ものの　④ものだから　⑤からといって　⑥そのことからいっても
7. ①ひび　②苦笑　③思い　④その気　⑤行儀
8. ①（が）重く　②（を）滑らして　③（が）立た　④（を）巻いた　⑤（を）傾ける　⑥（を）疑った　⑦（が）痛かった　⑧（に）した
9. ①くださいますよう／くださるよう　②慌てないよう（に）　③したように　④できるようになっ　⑤見るようにしている／見るようになった　⑥しようとした

ユニット 5　p. 89

1. ①反省させられ　②泣かされ／泣かせられ　③気づかされ　④驚かされ　⑤させられる／させられた
2. ①というのは　②というと／といえば　③というのは／というのも　④といっても　⑤というと
3. ①たて　②たて　③かけた　④かけた　⑤かけ
4. ①失望し／失望させられ　②嘆く　③ほっておい　④ごまかす（という）／ごまかそうとする／ごまかそうという　⑤わめい
5. ①どうしても　②なんとなく　③ひたすら　④ほどほどに　⑤やたらに
6. ①しがみついて　②飛びつい　③かみついて　④思いつか　⑤泣きついて
7. ①押しつける　②押さえつけ　③投げつけ　④踏みつけ　⑤惹きつける
8. ①計画性がある・計画的な　②意味がある　③関心がある　④有効（な）　⑤有料の
9. ①ｂ　②ｄ　③ａ
10. ①大目に見て　②長い目で見れ　③目が高い　④目が回る　⑤目を疑っ　⑥目の色を変えて　⑦目の仇にして

ユニット 6　p. 109

1. ①（を）達成する　②（に）憧れ　③（を）費やした／費やしている　④（に）映っている／映る　⑤（が）溢れかえっ　⑥（を）手に入れ　⑦（に）耐え　⑧（を）探る　⑨（が）定着する
2. ①あくまで　②やっぱり　③たまたま　④どんどん　⑤例えば　⑥要は
3. ①学ぶ　②せ　③上がる　④遊び　⑤出かけ　⑥対象にした　⑦発売される　⑧出し
4. ①にとって　②に対して　③に対して　④に対して、として　⑤にとって
5. ①くれる／ほしい／もらいたい／もらえる

②ほしい／もらいたい　③もらう／もらえる　④くれる　⑤もらい

6. ①びっくりさせて　②待たせる／待たせた／練習させる／練習させた　③笑わせて　④練習させ　⑤考えさせる　⑥悲しませ
7. ①絵こそ　②合わせてこそ／合わせるからこそ　③愛するからこそ／愛しているからこそ　④取れてこそ　⑤試合こそ
8. a. 観　b. 感　c. 観　d. 観　e. 観　f. 感　g. 感　h. 観
   ①先入観　②満足感　③価値観　④安心感　⑤連帯感
9. ①終身雇用　②業種、職種　③待遇、採用（順不同）　④筆記試験、面接　⑤エントリーシート　⑥ OB 訪問　⑦内定　⑧均等法　⑨保険

ユニット 7　p. 125

1. ①（に）（を）持つ　②（に）よる　③（を）越える　④（に）問い掛け　⑤（と）指摘し　⑥（に）とらわれた／とらわれている／（を）持った／持っている　⑦（を）集めている／集めた
2. ①高い　②高い　③狭い　④うまい　⑤高く
3. ①消さ　②発展せ　③思い／思われ　④卒業したか　⑤であるの／なの　⑥大きい　⑦する／す　⑧内容か／内容なのか／内容であるか／内容であるのか　⑨曇り　⑩甘やかし
4. 〔解答例〕①守る　②す／する　③友達を裏切るようなことをする　④勉強しておく　⑤言う
5. ①言わないで　②気がつかないで／気がつかなくて　③答えられなくて　④とれなくて　⑤とらわれないで
6. ①わかりやすくて　②休みがちだ　③こげやすい　④抜きがちに　⑤うつむきがちだ
7. ①書き込んでは　②押し込む／押し込んでいる　③覚え込む　④持ち込んでは　⑤使い込んで
8. ①閉鎖的だ　②不可能な　③必然（性）　④可能性　⑤開放的な　⑥偶然（に）　⑦無意識　⑧意識的に
9. ①インフォメーション　②リアクション　③ダウンロード　④ディスカウント　⑤トラブル　⑥ハードル　⑦リビング　⑧ランニング　⑨コーディネーター　⑩アナウンサー　⑪クラシック　⑫ダイナミック　⑬メッセージ　⑭イメージ　⑮パフォーマンス　⑯ナショナリズム

ユニット 8　p. 144

1. ①で　②に／で　③と　④が　⑤を　⑥で　⑦と
2. ①（で）がまんする　②（に）値する　③（で／に）（が）ある／あり　④（の／が）占める／占めている　⑤（に）かなわない　⑥（が）広がっている
3. ①広げる　②出　③抜いて　④とどめる　⑤受け、受かる
4. ①上がって　②減らす　③増えて　④下げて　⑤見つからない／見つかって（い）ない
5. ①期待されている　②失われた／失われている　③指摘されて　④見せられた　⑤受け入れられなかった　⑥得られなかった
6. ①ために　②ように　③ために　④ために　⑤ように　⑥ように
7. ①今や　②割に／かなり　③特に　④あくまで　⑤かなり／特に
8. (1)〔解答例〕b. 作業などを、人ではなく機械で行うようになること　c. 状態が悪くなること
   d. 小説や漫画などを基に、映画を作ること
   e. 植物や森が減少し、砂漠が増えること
   f. 現在のいろいろな活動を、できるだけ少ないエネルギーで行うこと
   (2) ①温暖化　②悪化　③省エネ化　④機械化　⑤映画化　⑥砂漠化
9. 〔解答例〕
   ①（リサイクル）（分別）リサイクルできるようにごみを分別する。
   ②（工場の煙）（硫黄酸化物）工場の煙などに含まれる硫黄酸化物が酸性雨の原因だ。
   ③（空港建設）（新幹線・高速道路）空港建設や新幹線・高速道路の建設などが騒音の原因となる。
   ④（フロン）（紫外線）フロンによるオゾン層の破壊で、有害な紫外線が増えている。
   ⑤（熱帯雨林）（森林伐採）熱帯雨林では森林伐採による砂漠化が進んでいる。

ユニット 9 p. 159

1. ①まさに ②常に ③難なく ④ときには ⑤突如として ⑥あたかも
2. ①設けて／もって、達した ②ともにして ③もつ、果たす ④向けて ⑤分担するの／分担して
3. ①（に）沿って ②（に／と）して ③（に）応じて ④（に）向けて ⑤（を）通して
4. ①しかも ②つまり ③なかには ④とはいえ ⑤すなわち
5. **〔解答例〕**①輪に入ることができた ②物を言う ③またたくうちに過ぎて ④言葉の壁を乗り越える ⑤色濃く
6. ①はずがない／わけがない ②はずだ／わけだ ③はずだった ④わけ／こと ⑤わけではない
7. ①受け取ったところだ ②出会えるところに ③否定しないところを見ると ④聞くところによると ⑥調べたところ
8. ①の ②の ③の ④こと ⑤こと・の ⑥の ⑦こと

ユニット 10 p. 173

1. ①を ②に／へ ③が ④と ⑤を、に ⑥か、ら ⑦を、に
2. ①（を）重ねて ②（に）よって ③（を）及ぼした／及ぼしている ④（を）はじめとする／はじめとして ⑤（に）従って ⑥（が）込められている
3. ①改めて ②総じて ③つまり ④急激に ⑤ともあれ
4. ①ところが／しかし ②また ③そこで ④その結果 ⑤しかし
5. ①解明された ②立てる ③理解できる ④発表する ⑤なされ ⑥証明し
6. ①またとない ②こえて ③切なる ④及ぼす ⑤あらゆる
7. **〔解答例〕**①受け取ることを了解する／受け取ってもいいことにする ②十分に利用する ③環境に優しいものを買うときに、税金を安くすること ④ストレスを解消するための商品 ⑤会社や部署によって残業をしないとあらかじめ決められた日 ⑥無料で誰かを手助けしたり、支援したりすること
8. ①胸が痛む
   〔解答例〕被害の状況を見ると、ひどく胸が痛みます。
   ②びっくりしている
   〔解答例〕今年初めてトマトを植えてみたのですが、こんなに多くの実がなってびっくりしています。
   ③腹を立てている
   〔解答例〕彼女の誕生日をすっかり忘れてしまった。彼女はそのことにずっと腹を立てていて、あれ以来口をきいてくれない。
   ④落ち着かない
   〔解答例〕いつもまめにメールをくれる姉がここ1週間全く連絡をくれないから、何だか落ち着かない。
   ⑤がっかりしている
   〔解答例〕トーナメントで1勝もできなかったので、監督はがっかりしている。
   ⑥気が重い
   〔解答例〕明日は接待ゴルフだ。ゴルフは好きじゃないので、気が重い。

※○の数字はユニット番号、（　）の数字は項目番号を表す。

重要表現さくいん

あ

か

さ

た

※○の数字はユニット番号を表す。

単語さくいん

き

く

さ

し

す

ち

あとがき

本書は、『生きた素材で学ぶ中級から上級への日本語』(1998)の改訂版です。初版本の「プロフィシェンシー(proficiency：外国語運用能力)」を高めるという考えを踏襲し、一部を除き、読む素材から練習問題に至るまで、新しい内容となっています。時代に合った新しい素材について学ぶことで、学習者のみなさんにより一層日本語学習に興味をもってもらえれば幸いです。

本書を作成するにあたり、多くの方々のご協力をいただきました。初版本の執筆に、宮谷敦美先生(愛知教育大学)にご協力いただきました。また、ユニット1の「読んだあとで」の留学生の自己紹介文は、山内博之先生(実践女子大学)の元学生たちによるものです。ここに記して感謝の意を表したいと思います。本書の完成までには、著者らが、京都外国語大学、筑波大学、スタンフォード大学にて、試用版を使って授業を行い、試行を重ねました。また、入江さやか先生、駒井裕子先生、白鳥文子先生、沼口恭慧先生が京都外国語大学で、さらに奥野由紀子先生が横浜国立大学において、試用版を用いた授業を行ってくださいました。これらの授業で得られた先生方や学生のみなさんからのフィードバックがなくては本書の完成には至りませんでした。一人一人のお名前を挙げることはできませんが、この場をお借りし、お礼を申し上げます。

本書は、鎌田が全体的な構想と企画を立てました。初稿については、ボイクマンがユニット1・2・5・7を、冨山がユニット6・8・10を、山本がユニット3・4・9を執筆しました。ただし、著者全員が原稿すべてにわたって協議を重ね、最終稿を完成させました。

最後になりましたが、ジャパンタイムズ出版局の関戸千明さん、岡本江奈さんには、企画から編集、校正に至るまで、大変お世話になりました。深く感謝いたします。

2012 年 5 月

鎌田修

ボイクマン総子

冨山佳子

山本真知子

著者略歴

鎌田 修（かまだ おさむ）

米国マサチューセッツ大学大学院博士課程修了。博士（教育学）。アムハーストカレッジ、アイオワ大学、京都外国語大学、南山大学教授を経て、2018年３月定年退職後、特任研究員。2023年まで日本語プロフィシェンシー研究学会会長。1987年より ACTFL OPI 試験官、1991年より試験官のトレーナー。『生きた素材で学ぶ新・中級から上級への日本語 ワークブック』『中級から上級への日本語なりきりリスニング』『リアルな会話で学ぶ にほんご初中級リスニング Alive』（共著／ジャパンタイムズ出版）、『日本語の引用』（ひつじ書房）、『プロフィシェンシーを育てる』『対話とプロフィシェンシー』『談話とプロフィシェンシー』『OPIによる会話能力の評価―テスティング、教育、研究に生かす―』（共著／凡人社）等編著書多数。

ボイクマン 総子（ぼいくまん ふさこ）

大阪外国語大学大学院博士課程修了。博士（言語・文化学）。現在、東京大学教授。著書に『東京大学教養学部のアカデミック・ジャパニーズ J-PEAK』シリーズ（共著／ジャパンタイムズ出版）、『聞いて覚える話し方日本語生中継』シリーズ、『ストーリーで覚える漢字』シリーズ、『わたしのにほんご』（共著／くろしお出版）がある。1997年より ACTFL OPI 試験官。

冨山 佳子（とみやま よしこ）

米国カリフォルニア大学ロサンゼルス校大学院博士課程修了。博士（応用言語学）。現在、米国スタンフォード大学上級講師。1998年より ACTFL OPI 試験官、2010年より WPT（Writing Proficiency Test）試験官。

山本 真知子（やまもと まちこ）

大阪教育大学大学院修士課程修了。修士（教育学）。著書に『類義表現の使い分けと指導法』（共著／アルク）がある。1996年より ACTFL OPI 試験官。

生きた素材で学ぶ
新・中級から上級への日本語［音声ダウンロード版］
Authentic Japanese: Progressing from Intermediate to Advanced [New Edition]
Free Audio Downloads

2025年5月5日　初版発行

著　者　鎌田修／ボイクマン総子／冨山佳子／山本真知子

©Osamu Kamada, Fusako Beuckmann, Yoshiko Tomiyama and Machiko Yamamoto, 2025

発行者　伊藤秀樹
発行所　株式会社 ジャパンタイムズ出版
〒102-0082 東京都千代田区一番町2-2　一番町第二TGビル 2F
ウェブサイト　https://jtpublishing.co.jp/
印刷所　株式会社広済堂ネクスト

本書の内容に関するお問い合わせは、上記ウェブサイトまたは郵便でお受けいたします。

定価はカバーに表示してあります。
万一、乱丁落丁のある場合は、送料当社負担でお取り替えいたします。（株）ジャパンタイムズ出版・出版営業部あてにお送りください。

Printed in Japan　ISBN978-4-7890-1923-1